U0937668

本书获得以下资助：

广州市人文社会科学重点研究基地（2021-2023年）
——广州国家中心城市研究基地

本书系以下课题的阶段性成果：

国家自然科学基金课题（青年项目）
“基于中资企业分支网络全球扩展的世界城市网络的空间演化与机制
——以高级生产性服务业为例”（项目编号：41801167）

中国博士后科学基金第67批面上资助课题“中国金融网络的时空演变及其空间溢出效应”
（项目编号：2020M672586）

广州市软科学专项课题“广州科技创新对新动能增长贡献研究”
（项目编号：201901040002）

ZHONGGUO LÜSHI FUWUYE
FAZHAN JIQI KONGJIAN GEJU YANBIAN
JIANLUN DUI GUANGZHOUSHI DE SIKAO

中国律师服务业发展及其空间格局演变

——兼论对广州市的思考

邹小华◎著

中国财经出版传媒集团
经济科学出版社
Economic Science Press

图书在版编目（CIP）数据

中国律师服务业发展及其空间格局演变：兼论对广州市的思考/邹小华著．—北京：经济科学出版社，2021.7
ISBN 978－7－5218－2728－6

Ⅰ.①中…　Ⅱ.①邹…　Ⅲ.①律师业务－服务业－研究－中国　Ⅳ.①D926.5

中国版本图书馆 CIP 数据核字（2021）第 145707 号

责任编辑：李　雪　高　波
责任校对：王肖楠
责任印制：王世伟

中国律师服务业发展及其空间格局演变
——兼论对广州市的思考
邹小华　著
经济科学出版社出版、发行　新华书店经销
社址：北京市海淀区阜成路甲 28 号　邮编：100142
总编部电话：010－88191217　发行部电话：010－88191522
网址：www.esp.com.cn
电子邮箱：esp@esp.com.cn
天猫网店：经济科学出版社旗舰店
网址：http：//jjkxcbs.tmall.com
北京季蜂印刷有限公司印装
710×1000　16 开　13 印张　180000 字
2021 年 8 月第 1 版　2021 年 8 月第 1 次印刷
ISBN 978－7－5218－2728－6　定价：56.00 元
（图书出现印装问题，本社负责调换。电话：010－88191510）

前言

PREFACE

20 世纪中期以来，全球化影响范围的不断扩展和影响程度的日益深化，推动了更多国家、地区和领域的开放，促进了全球、区域经济的进一步融合，特别是大型企业的全球和跨区域空间扩张，使城市作为大型企业总部和分支机构的聚集地，能够通过公司的控制、辐射和集聚等功能，在全球经济中发挥日益重要的影响。其中，以律师服务、金融服务、会计服务、管理咨询和广告咨询等为代表的高端商务服务业，为企业提供了重要的中间服务的同时，有力地支持和便利了相关公司的空间扩张，在全球和区域经济一体化中发挥重要的“润滑剂”作用，推动了全球范围内各经济体和城市之间联系的日益紧密。

在以往高端商务服务业研究中，律师服务业因其地域化程度较高、政治敏感度较强、产业化程度相对较低等原因，受关注度相对较低。但全球化程度的加深，推动国家和地区逐步放松对外来律师服务力量的限制，以欧美传统大型律师事务所为主导的全球律师服务业的规模和跨区域经营水平不断增强。与此同时，以中国为代表的新兴经济体经济实力及融入全球经济体系意愿不断增强，其本土律师服务业的发展及其向境外的不断扩展，为全球律师服务业的发展和律师服务网络的进一步完善贡献了新的动力，也促成全球律师服务空间格局新的变化。

改革开放以来，在中国经济高速增长和依法治国建设推动下，中国律师制度逐步恢复和完善，国内对于法律服务需求的快速增长也推动了中国律师服务业发展增速日益加快。在此背景下，一方面，中国律师服务的空间覆盖程度日益完善，一些偏远市县先后填补了律师服务空白的状态；另一方面，优质律师服务资源不断向省会城市、副省级城市，以及东部沿海经济发达城市集聚，律师服务资源空间极化特征仍然明显。党的十八大以来，以习近平同志为核心的党中央对推进全面依法治国高度重视，律师队伍作为依法治国的一支重要力量，研究律师服务的空间分布特征，对于优化法律服务资源的空间配置、推进全面依法治国等方面都有着重要的意义。

律师服务业提供知识密集型服务，其本身是一门高端服务产业；同时，律师为城市经济、社会发展提供不可或缺的法律服务，因此，对于城市发展的重要性不言而喻。广州市作为改革开放后中国城市经济发展的一个缩影，其律师服务业的发展在国内城市中也具有典型的代表性。广州市是我国市场化经济发展最早的城市之一，并且凭借对外开放、毗邻港澳、对外经济联系强，以及省会城市等多重优势，其现代律师服务业发展也相对较早，发展水平和国际化程度也相对较高。对以广州市为例的国内城市律师服务业发展和空间格局演变的研究，对于国内城市律师服务业的发展可以提供一定的参考，也有利于广州市律师服务业空间格局的优化，为广州市的法治建设也能提供一定启示。

全书在理论研究的基础上，从全球、全国、区域和城市四个维度，综合运用定量分析和定性研究方法，对不同空间尺度中国律师服务业的空间布局与联系特征的演变及其影响因素进行了分析，并重点分析了广州市律师服务业的行业发展与空间布局特征变化，及其在不同空间尺度律师服务网络中的地位。全书共分为九章，第一章介绍了全球化下律师服务业发展和空间扩张的背景，以及对我国律师服务业空间格局演变开展研究的意义，并介绍了本书的研究框架、研究意义以及研究方法和数据来源。第二章从律师服务供给和消费两个方面，分析了国内外律师服务业发展的趋势。第三章对法律地理学研究下律师服务空间布局及其对城市发展的作用研究的相关文献进行了回顾。第四章从“走出去”的视角，对中资律师事务所在境外的分支机构扩展，及其联系下的中资律师事务所全球服务网络的空间结构变迁进行了研究，并分析了中资律师事务所全球空间布局变化的影响因素。第五章从“引进来”的视角，对外国及中国港澳台地区投资律师事务所在中国境内的发展、空间布局变化及其影响因素进行了分析。第六章对中国律师事务所在国内发展的阶段性特征、空间布局变化、服务网络扩展，以及空间特征变化影响因素进行了分析。第七章从全球、全国和区域三个空间尺度，对广州市律师事务所在全球、中国境内和粤港澳大湾区的空间扩展特征进行了研究，并分析了影响其空间扩展的相关要素。第八章从城市内部空间的视角出发，对广州市律师服务业发展的阶段性特征，以及广州律师事务所在广州市内的空间布局演变特征及其影响因素进行了分析。第九章以广州市为例，对中国城市律师服务业发展及空间结构优化提出了相关对策建议。

法律地理学作为探究法律、空间与社会之间复杂相互关系的一个新兴研究领域，已有研究主要在法律研究中引入地理学的空间视角，探究地理与空间要素在法律制定过程中产生的影响。本书以地理学视角研究法律服务中律师服务的空间过程，可以看作是推动地理学与法律研究融合发展的一项探索，书中难免存在浅薄与不足之处，肯定各位读者批评指正！在本书的调研和写作过程中，得到了广州市律师协会及相关专家学者的帮助，在此一并表示感谢！

邹小华

2021 年 6 月

目录

CONTENTS

第一章 导论

第一节 研究背景、研究问题与研究意义

一、研究背景

1. 全球背景

20 世纪 70 年代以来，经济全球化程度不断加深，影响范围不断扩大，在新国际劳动分工下，跨国公司逐渐成为全球经济运行的主要作用主体（Hymer，1972）。跨国公司的全球扩张也带动了高级生产性服务（advanced producer service，APS）① 公司的全球扩张，而高级生产性服务业能够为企业发展提供不可或缺的高端专业服务，是企业发展的重要"润滑

① 科恩（Cohen，1981）的研究中将其称为高级公司服务业（advanced corporate service），包含的行业包括银行、律师事务所、会计师事务所等，因此，笔者认为其与本书中所用的高级生产性服务行业的概念相似。

剂”。因此，高级生产性服务业的全球扩张进一步推动了跨国公司的全球扩展（Cohen，1981）。跨国公司的全球联系网络也将全球经济连接成了一个紧密联系的整体。

高级生产性服务业因其所提供的高端知识服务的特征，其发展在市场门槛、人才基础等方面均对所在城市提出了较高的要求。因此，其发展的早期高度集中于纽约、伦敦、东京等位于世界城市体系顶端的全球城市（Sassen，1991），并且在跨国公司全球扩展所带动的高级生产性服务业全球扩展过程中，主要集聚于重要的世界城市（Taylor et al.，2001）。但近年来，随着以中国为代表的新兴经济体的崛起和嵌入全球经济程度的不断加深，促使跨国公司作用下的全球经济网络也在不断进行重构，作为新兴经济体的城市在其中发挥越来越重要的作用（Derudder et al.，2010）。

随着经济全球化程度的不断加深，国际投资和贸易活动更加活跃，特别是跨国公司的国际投资和并购行为的增多，所带来的法律服务需求、法律风险及法律争端也随之增多，为国际律师服务业带来了更大的需求市场（李本森，2005）。可见，经济活动的全球化在很大程度上带动了律师服务业的全球化（李本森，2004），而律师事务所的全球化扩展，也推动了国家和地区对于全球化法律服务的接受程度和政策的转变（Liu，2008）。

全球经济面临着许多的不稳定和不确定因素，大量企业都将目光和业务发展焦点投向了新兴市场。客户希望律师事务所能够通过跨境法律服务提供当地的法律意见，以及协助他们规避投资风险（Beaverstock，1999；孟梦，2013）；同时，他们对于律师在熟悉投资地的文化和政治环境等方面提出了新的要求。在这种情势下，大型律师事务所和精品律师事务所纷纷采取国际化的战略，并向海外开拓其业务（何啸风、冯青海，2020）。另外，跨国业务的开展要求律师事务所加强国际化团队的合作，并为客户提供多执业领域和跨司法辖区的无缝衔接式法律服务（Beaverstock et al.，2008；Faulconbridge，2007；Faulconbridge，2008）。当前，法律法规的制定越来越趋向于本地化，而法律服务将会变得越来越全球化（Van Criekingen et al.，2006）。律师事务所的跨地域扩张，特别是全球范围内的扩张，将成为当前律师行业发展的一个重要趋势。

2. 国内背景

改革开放以来，中国经济保持了高速增长，经济体量不断增大，经济质量持续提升。特别是20世纪90年代以来，我国经济体制由计划经济向社会主义市场经济转变，与之相伴随的，是以律师服务业为代表的生产性服务业的快速崛起和发展，律师服务业不仅为生产、生活等各项社会活动提供了必要的法律服务，也是国民经济与社会发展的重要推动力量（余澳，2016；茅彭年、李必达，1992）。

律师队伍作为依法治国的一支重要力量，在服务社会经济发展、保障人民群众合法权益、维护社会公平正义、促进社会和谐稳定等方面肩负着重要的责任（迟日大，2021）。习近平指出，“律师队伍是依法治国的一支重要力量，要大力加强律师队伍思想政治建设，把拥护中国共产党领导、拥护社会主义法治作为律师从业的基本要求”①，充分肯定了律师力量在全面依法治国中的重要作用。推动律师制度的完善，以及律师服务业的发展，是加强法治建设，建设法治中国的必然要求（李江，1997）。2021年1月，中共中央颁布了《法治中国建设规划（2020—2025年）》，其中对律师在法治中国建设过程中应当，以及可以发挥的作用进行了详细阐述。律师作为专业的法律工作者，通过参与地方立法，有助于提升立法的质量，促进民意在立法过程中的表达，准确把握法律实施需求，以及防范部门保护主义等（卢旭岩，2021）。此外，律师作为行政执法的辅助者和司法公正的监督者，对于法治社会建设也有着积极的促进作用（迟日大，2021）。邓连引（2016）认为，社会主义法治建设的背景下，中国的

① 习近平．加快建设社会主义法治国家［J］．求是，2015（1）：4-8.

律师在为社会提供专业化法律服务的同时，要更多地发挥社会法律工作者和社会主义法治工作者的职责，以此更多地为法治中国建设贡献力量（邓连引，2016）。

我国传统意义上对于律师职能的理解就是“打官司”，是属于政府职能的一部分，但随着社会主义市场经济的发展，律师事务所的性质由计划经济时期的国有制逐渐转变为市场化的合伙制等形式，律师所提供的服务也不断向市场化转型，并且服务内容也由早期的“打官司”类的诉讼服务，开始向为企业、政府、个人等提供法律咨询等非诉讼服务转变（杨智勇，1995）。在此背景下，律师业逐渐向着社会化、规模化、专业化、市场化和经营化的方向发展，中国律师服务发展产业化的趋势也日益明显（山东省法学会课题组，2004）。而信息技术的发展，带来大量新的法律问题，拓宽了律师的业务范围，同时也推动律师执业手段和业务开展方式的变革，推动了律师事务所的空间发展策略的改变（赵俊林，2003）。

伴随我国经济发展的，是我国经济发展国际化程度的不断提升。改革开放以来，在我国“引进来”的发展战略下，外商投资经济对我国经济的高速增长起到了重要的推动作用，与此同时，也推动了我国对外开放程度的不断加深，国内律师服务市场的日益开放就是其中的一个结果，而外国律师事务所也跟随本国企业大量进入中国（刘思达，2011）。根据司法部公布数据，截至2019年底，共有来自23个国家和地区的律师事务所在中国设立了303家代表机构，其中，中国港澳台地区律师事务所驻中国内地（大陆）的代表机构为78家，港澳地区律师事务所与内地律师事务所共同设立了12家联营律师事务所①，主要为在中国内地投资的境外企业提供法律法律咨询和其他相关法律服务（洪建政，2017）。

---

① 中华人民共和国司法部官网.2019年度律师、基层法律服务工作统计分析［EB/OL］.（2020－6－22）［2021－1－10］. http://www.moj.gov.cn/pub/sfbgw/zwxxgk/fdzdgknr/fdzdgknrtjxx/202103/t20210331_350049.html.

21 世纪以来，我国经济在“引进来”的基础上，不断“走出去”，中国企业在海外的投资、并购业务大量增长（刘红艳、崔耕，2013）。根据商务部发布的《对外投资合作发展报告 2020》，2019 年中国对外直接投资涉及的 18 个行业大类中，租赁和商务服务业实现投资额 418.8 亿美元，虽然较 2018 年有所降低，但在中国对外直接投资中的占比仍然达到 30.6%，构成了中国对外直接投资的最重要组成部分，体现了商务服务业在中国对外投资中的重要贡献①。截至 2019 年底，中国 2.75 万家境内投资者在国（境）外共设立对外直接投资企业（以下简称“境外企业”）4.4 万家，分布在全球 188 个国家（地区），年末境外企业资产总额 7.2 万亿美元，对外直接投资累计净额（以下简称“存量”）达 21988.8 亿美元。

中国经济和企业越来越多地“走出去”，也为中资律师事务所对外扩展提供了日益广阔的市场和提出了日益迫切的需求。据报道，截至 2019 年 12 月，中资律师事务所在境外设立 126 家分支机构，2018 年共办理各类涉外法律事务近 12.7 万多件②，中国律师服务业正在越来越多地拓展全球业务网络。

相对而言，中资律师事务所“走出去”在境外设立分支机构存在一定的优势，一是相比于外国律师事务所，中资律师事务所在服务“走出去”的中资企业和中国公民方面，具有同文同种、利益相同，以及相同的语言和思维方式等优势，并且更了解中国企业的实际需要，能为在外中资企业提供更优质的法律服务。二是国外律师事务所在进入中国市场方面存在越来越多的需求，但由于中国境内对外国律师事务所行业进入方面尚未完全放开，外国及中国港澳台地区投资律师事务所想要进入中国市场，最好的

① 中华人民共和国商务部．商务部发布《中国对外投资合作发展报告 2020》[EB/OL]．(2021－2－5)[2021－3－5]．http://www.mofcom.gov.cn/article/i/jyjl/k/202102/20210203037416.shtml.

② 中国新闻网．中国律师事务所在境外设立 126 家分支机构 [EB/OL]．(2019－12－10)[2021－1－11]．https://baijiahao.baidu.com/s?id=1652508380556123110&wfr=spider&for=pc.

方法就是寻求中国同行业的合作伙伴，这也为中资律师事务所“走出去”在境外设立分支机构和开展跨国合作，创造了条件。

此外，当前国内律师服务市场规模有限，且以收费相对较低的诉讼类业务为主，而在境外，存在着巨大的市场。如中国对外贸易企业当前在境外存在着数额巨大的贷款无法收回，截至2010年总额高达1500亿美元，且每年以300亿美元的速度增加，这些都需要大量的律师提供相关法律服务。

中国企业加快“走出去”，投资行业覆盖面不断扩大，投资范围越来越广，在此过程中不可避免地面临各种法律风险和问题，如不同国家和地区的法系差异、政治经济和法治化发展水平差异、对“走出去”企业东道国法律的了解程度等（项志祥，2019）。这就需要中国律师服务业在背后提供强大的支撑（孟梦，2013）。自中国律师事务所1993年在境外设立第一家分支机构以来，中国律师事务所“走出去”的步伐不断加快，方式也日益多样化（洪建政，2017）。特别是近年来“一带一路”倡议的提出，进一步加快中国企业“走出去”的步伐，畅通了渠道，这为中国律师服务“走出去”提供了更多的机遇，同时也提出了更高的要求（袁达松等，2017）。

二、研究问题

1. 中国律师服务业空间布局演变特征

律师服务业在空间上发展是不均衡的，这是其市场化特征的一个重要体现；同时，社会主义律师工作者作为国家的法律服务提供者，其自身也带有一定的社会属性和公共属性，且提供的法律服务在空间上的可获性也关系国家公共法律服务体系的健全程度，这就要求其空间布局应具备一定的均衡性。因此，本书首要解决的问题，就是中国律师服务业空间布局演变的特征。通过对不同阶段中国律师服务业空间布局的诊断与分析，总结其空间布局变化的特征与规律。

2. 中国律师服务业外部联系的空间演变特征

在信息化、全球化和区域一体化背景下，律师事务所为寻求市场化扩张及规模化发展，以设立分支机构为主要形式的跨区域扩展就成为其发展的一个主要战略方向。从全球、全国和区域 3 个空间尺度，对不同阶段中国律师事务所异地扩展的分支机构布局及其与城市相联系的空间特征变化进行分析，探究其空间联系的变化特征。

3. 城市内部律师服务空间特征演变

律师服务业作为地方化特征较强的行业，本地化经营是其业务发展的重要方向，特别是在我国律师事务所数量中占绝大部分的中小律师事务所更是如此。因此，本书关注的一个重点问题，就是律师事务所在城市内部的空间分布特征演变。

4. 律师服务业空间特征变化的影响因素

在对中国律师事务所空间布局和空间联系网络变化的相关特征进行分析的基础上，结合律师行业发展的特性，城市经济、社会等的发展特征，以及相关律师事务所进行访谈的内容，对律师事务所空间布局的相关影响因素进行分析。

三、研究意义

1. 为城市律师服务业发展与空间布局的优化提供政策建议

研究以广州市为例，重点关注广州市律师服务业的发展、空间布局变化和空间联系特征。广州市的律师服务业经历经了改革开放 40 余年的发展，在国内已经形成一定的规模，并且近年来也保持了较快的发展速度，但在律师服务业的空间布局及扩展方面还有待进一步优化和提升。我国法治化社会建设，以及对外开放的进一步深化和区域一体化程度的加深，为广州市律师服务业的发展提供了新的契机。研究广州市律师服务业空间布局的变化及其影响因素，有助于探究我国城市律师服务业空间布局的优化和提升，为城市律师服务业的进一步发展提供政策建议。

此外，选择广州市作为重点分析案例，这主要是考虑到在国内各城市的律师服务业发展中，北京市和上海市占据绝对的领先地位。其中，北京市作为众多中央行政机构和大型国有企业总部所在地，拥有国内其他城市无法比拟的行政资源和总部经济资源，这也为其律师服务业的发展提供了巨大的市场；而上海市作为国内全球化水平最高的城市，集中了大量的外商投资企业，该类企业的法律意识在很大程度上高于国内其他城市的企业，这也为其律师服务业的发展提供了肥沃的土壤。相比之下，广州市作为“北上”之后的国内律师服务业发展第二梯队中的重要城市，其发展的基础更具一般性特征。因此，对广州市律师服务业的研究、对于国内城市律师空间演变的研究，将为国内相关城市律师服务业的发展提供更为广泛的借鉴意义。

2. 为我国城市律师服务业发展和空间格局优化提供参考

本书探究的一个重要研究问题，就是我国律师服务业的空间格局演变特征，这对于揭示我国快速发展的律师服务业的空间发展特征及存在的问题，以及未来如何进一步对其空间格局进行优化，都有着一定的参考价值。同时，探究我国律师事务所在城市的空间分布和空间扩展中的布局策略，研究律师服务业的空间布局特征变化，对于明确城市自身在国内律师服务体系和网络中的地位，进而进一步制定适合自身发展的律师服务业发展策略，能够提供一定的参考。

3. 为城市法治建设提供参考

在城市法治社会建设过程中，提供专业法律服务的律师事务所无疑是其中不可或缺的力量。律师服务作为市场化法律服务的最重要组成部分，很大程度上满足了居民的法律服务需求；同时，律师服务作为政府公共法律服务采购的重要对象，对于城市公共法律服务体系的完善也产生越来越重要的影响。此外，律师作为法律专家，能够为城市的立法和法律法规的完善建言献策；律师作为社会公益的服务者，通过为公民提供普法宣传、法制教育等，提升公民的法治意识，同时其提供的法律援助，也是城市公共法律服务的重要环节。而律师事务所作为律师最主要的从业机构，研究其空间布局、联系及机制，对于城市法治社会建设有着重要的参考价值。

第二节 律师服务的概念、内涵与特征

一、概念界定

1. 法律服务

法律服务是指律师、非律师法律工作者、法律专业人士（包括法人内部在职人员、退、离休政法人员等）或相关机构以其法律知识和技能为法人或自然人实现其正当权益、提高经济效益、排除不法侵害、防范法律风险、维护自身合法权益而提供的专业活动。可见，法律服务的提供有多个主体，其中律师事务所和律师是法律服务提供的最重要机构和主体（陈娟，2012）。

2. 律师服务

在我国律师制度恢复初期，为体现社会主义制度下的律师与资本主义制度下律师的区别，后者将律师定位为“自由职业者”，《中华人民共和国律师暂行条例》将律师定位为“国家法律工作者”，这也体现了计划经

济体制的要求。但是，在社会主义市场经济条件下，“国家法律工作者”已不能准确揭示律师的性质，相反，它成了律师制度发展的阻碍。《中华人民共和国律师法》（2017 修正，以下简称《律师法》）规定：“律师是依法取得执业证书，为当事人提供法律服务的执业人员”，突破了以往对律师性质的认识，即不再以行政机关的模式界定律师。律师不再是国家干部，而是为社会提供法律服务的执业人员；律师事务所不再是行政机关的附属，而是具有中介性质的法律服务机构。这一认识上的突破，打破了原有的思想禁区和束缚，为律师制度的改革奠定了基础（熊秋红，1999）。

一般来说，律师（lawyer）是指接受委托或者指定，为当事人提供诉讼代理或者辩护等业务的法律服务人员。按照工作性质划分，律师可分为专职律师与兼职律师，按照业务范围划分，律师可分为民事律师、刑事律师和行政律师，按照服务对象和工作身份，分为社会律师、公司律师和公职律师。本书中，主要将律师服务作为一种市场化的知识服务产品，因此，仅关注提供市场化律师服务的律师和其所在的律师事务所。

3. 律师服务类型

在联合国核心产品分类目录中，根据律师服务市场开放程度，可将律师服务分为法律领域、司法程序领域、法律文件的提供和证明，以及包括仲裁和调解在内的其他律师服务四类。在世界贸易组织（WTO）《服务部门分类列表》中，将律师服务细分为：（1）与刑法有关的法律咨询和代表服务；（2）其他法律司法程序中的法律咨询和代表服务；（3）在法定准司法程序中的法律咨询和代表服务；（4）法律文书和证明服务；（5）其他法律和咨询信息；（6）仲裁和调解服务（中华全国律师协会 WTO 专门委员会，2004）。

根据《律师法》规定，我国律师可从事的业务包括：（1）接受自然人、法人或者其他组织的委托，担任法律顾问；（2）接受民事案件、行政案件当事人的委托，担任代理人，参加诉讼；（3）接受刑事案件犯罪嫌疑人、被告人的委托或者依法接受法律援助机构的指派，担任辩护人，接受自诉案件自诉人、公诉案件被害人或者其近亲属的委托，担任代理人，参加诉讼；（4）接受委托，代理各类诉讼案件的申诉；（5）接受委托，参加调解、仲裁活动；（6）接受委托，提供非诉讼法律服务；（7）解答有关法律的询问、代写诉讼文书和有关法律事务的其他文书。综上所述，律师服务大致可以分为两类：一是争议解决类，包括诉讼代理、仲裁和调解等；二是非争议类，包括法律咨询、代书服务，以及其他专项法律服务等（中国人大网，2007），其服务的对象既可以来自企业、政府、社会团体等单位组织，也可以是个人（中华全国律师协会，2014）。

律师服务业是专业化程度较高的现代服务行业，在实际的服务过程中，根据具体业务特征和律师专业领域的不同，往往可将律师服务业进行更加细致的划分，而由于每个城市在社会、经济发展水平和经济结构上存在不同程度的差异，律师服务业的细分往往也因城而异。如广州市律师协会结合本地律师业务开展的实际情况，共设置了 42 个法律专业委员会，而北京市和上海市的数量分别达到了 58 和 52 个，律师服务业划分更加细致。

二、律师服务特征

1. 知识密集型特征显著

律师服务业是高度专业化的知识服务业，提供高端创意知识服务。其不仅为各类单位、个人等主体提供诉讼和仲裁代理等争议解决服务，同时也提供咨询、代书服务、专项法律服务等非诉讼业务，特别是为企业提供的税收、公司合并、上市等高端商务法律咨询服务，已成为现代企业发展不可或缺的一部分（江苏省司法行政系统理论研究课题组，2012）。可见，律师服务业为城市经济和社会发展提供了重要的支持，特别是为企业提供的高端法律咨询服务，为城市产业发展提供重要的支撑（吕红兵，2010）。

2. 高度市场化并兼具公益性

改革开放以来，随着社会主义市场经济体制改革的不断深化和完善，我国律师服务业的市场化程度也在不断提升。一方面，相对于非律师法律工作者、法律专业人士（包括法人内部在职人员、退、离休政法人员等）等法律服务提供群体而言，市场化的律师服务业可以提供更加专业、系统、有保障的法律服务，因此也逐渐成为当前及未来法律服务提供的主体（翁媛媛等，2009）。另一方面，本书所讨论的律师服务业是市场化环境下的法律服务提供者，是相对于基层法律服务、法律援助等公益性法律服务领域而言的。公益性的法律服务更多地作为一项政府提供的公共服务，主要强调的是服务的覆盖面，而强调服务质量和服务效益的市场化的律师服务业，将成为我国法律服务的主要提供方式（陈娟，2012）。

3. 本地化与全球化双向共存

各个国家和地区在司法体系、法律法规、地方文化等方面存在不同程度的差异，决定着律师群体为确保其业务的正常开展，必须与地方政府、组织或企业等建立良好的关系，这也使律师服务业具备了显著的本地化特征（Warf，2001）。但在全球化背景下，人员和信息在全球范围内的流动更加便利和频繁，这也使以律师事务所为主体的律师服务提供者能够通过开设异地分支机构、构建全球合作网络等方式，开展全球化业务服务（Chang et al.，1998）。

4. 政府政策与市场因素交互影响

律师服务业与国家的法律制度、政策法规等政治要素之间存在着密切的联系。新法律法规的出台和新政策的颁布，对于律师从业者掌握最新的信息、更好地开展业务有着重要的影响，这也决定了律师服务业受政策性因素的影响较大（Cai & Yang，2005；Potter，1999）。律师服务业作为市场化程度较高的服务行业，有较强的市场敏感度，而市场规模、市场结构、市场准入门槛等经济因素，也是影响律师服务提供者发展和空间布局的重要因素（Hodges，2007）。

第三节　数据来源与研究方法

一、数据来源

1. 问卷调查数据

为了解广州市以律师服务业为主的市场化法律服务业发展情况，笔者于2019年11月~2020年3月，利用问卷星在线问卷调查平台，针对广州市的律师事务所、律师个人和律师服务消费者进行了问卷调查。其中，针对律师事务所的问卷主要涉及律师事务所基本情况，如分支机构设立情况、设立分支机构的考虑因素，以及律师事务所的业务开展情况等。针对执业律师的问卷内容主要涉及律师个人的基本情况和业务开展情等。针对律师服务消费者个人的问卷内容主要涉及消费者个人基本情况、律师服务的消费情况及消费意愿等。问卷调查共回收律师事务所有效问卷145份、执业律师有效问卷889份、律师服务消费者有效问卷735份。

2. 深度访谈和座谈资料数据

为了更加深入地了解律师服务业的发展情况，以及广州市律师服务业的现状，笔者于2019年12月~2020年5月，针对广州市的律师事务所、执业律师个人、政府相关部门，以及律师行业协会开展了深度访谈和走访座谈。笔者共对包括广州市本土律师事务所、外地律师事务所在广州市设立的分所，以及粤港澳联营律师事务所在内的25家律师事务所进行了深度访谈和集体座谈，涉及律师超过50人，内容涉及广州市律师服务业发展基本情况，同时，还与广州市司法局和广州市中级人民法院等政府相关部门，以及广州市律师协会等开展了多场座谈活动。在此基础上，整理访谈和调研资料 30 余万字。

3. 律师事务所时空数据

本书对广州市律师服务的空间演变的研究数据，主要基于律师事务所的时空分布数据，该项数据又包括两个部分：在中国境内的律师事务所的时空分布数据，这部分数据来自中华人民共和国司法部下辖的中国法律服务网公布的中国境内律师事务所相关信息（包括：中国本土律师事务所的总所与境内分所、境外律师事务所在中国境内的办事处和代表处，以及中国港澳律师事务所与中国内地律师事务所共同成立的联营所）整理而得。中国境内律师事务所境外分所的相关数据，由于缺乏相关统计数据，且涉及的律师事务所数量太多，无法一一识别，因此，选取相关样本来进行分析。而考虑到一般只有实力较强（包括律师事务所规模）的律师事务所才会设立境外分所，因此，仅选取部分较为重要的律师事务所作为样本，通过样本来对整体情况进行研究。其中，中国境内律师事务所境外分所，以及重要国际律师事务所的名单来自钱伯斯和帕特纳（Chambers & Partners）公布的律师事务所排行榜。

4. 律师事务所空间布局变化影响因素定量数据

本书对广州市律师事务所空间布局影响因素的研究涉及广州城市内部、粤港澳大湾区、中国境内及全球 4 个维度。对广州市内律师事务所空间布局影响因素分析的数据，主要来自广州市各区公布的经济社会发展数据，以及对广州市律师事务所和执业律师的调研访谈材料。对广州市律师事务所空间扩展的分析数据和资料，来自对广州市律师事务所和执业律师的访谈资料。对中国律师事务所空间演变影响因素和对外国及中国港澳台地区投资律师事务所在中国境内区位变化影响因素的分析，主要根据相关国家和地区的经济社会发展数据和调研访谈数据进行分析。

二、研究方法

1. 空间分析法

律师事务所空间布局分析，主要采取核密度分析法，探究其空间集聚特征。核密度估计主要用于反映点要素在空间上的相对集中程度，其主要考虑了设施点对它附近位置服务影响的距离衰减作用，距离越近的对象，权重也相应越大。通过计算核密度及应用 ArcGIS 空间可视化技术，可以得到研究对象在空间上的一个连续分布的密度图。采用 4 次多项式的核密度计算方程为：

$$\hat{\lambda}_h(s) = \sum_{i=1}^{n} \frac{3}{\pi h^4}\left[1 - \frac{(s - s_i)^2}{h^2}\right]^2 \quad (1-1)$$

式（1－1）中，$\hat{\lambda}_h(s)$ 为空间点 s 的核密度，s 为目标点的位置，s_i 为落在以 s 为圆心、h 为半径的圆范围内的第 i 家企业的位置，h 代表以 s 为原点的曲面在空间上延伸的宽度。

2. 网络分析

法律咨询行业是典型的知识服务行业，同一公司位于不同城市的分支机构之间分享业务信息，并通过相互协作，共同为客户提供无缝衔接的服务，由此带来城市间的紧密联系（Faulconbridge，2007b；Faulconbridge，2007）。因此，采用链锁网络模型方法，通过中资律师事务所内部分支机构之间的联系，来代理城市之间的联系，即城市中所有律师事务所分支机构与位于其他城市的分支机构间的联系总和，构成了城市之间的联系（Taylor，2001；邹小华、薛德升，2017）。在城市联系值的测度方面，根据各律师事务所网站提供的分支机构职能重要性的描述和规模大小，将其划分为 6 个等级，每个等级机构根据其重要性（反映在从业律师人数及分支机构职能上）进行 0～5 区间的赋分。其中，总部为 5 分，区域性总部为 4 分，较重要的分所为 3 分，一般性分所为 2 分，代表处为 1 分，无分支机构则为 0 分。在此基础上，通过计算 i 个公司在城市 j 的分值总和，得到城市 j 的服务值，每个城市的服务值反映了其在中资律师事务所空间分布中的重要性，计算公式为：

$$S_a = \sum_i v_{ia} \tag{1-2}$$

其中，S_a 为城市的总服务值，v_{ia} 为公司 i 在城市 a 的分支机构得分。

两城市之间的联系值的计算公式可表达为：

$$r_{ab} = \sum_j v_{aj} \times v_{bj} \tag{1-3}$$

其中，r_{ab} 为城市 a 与城市 b 之间的联系值，v_{aj} 和 v_{bj} 分别表示律师事务所 j 在城市 a 和城市 b 的得分。在此基础上，通过对某城市与其他所有城市之间的联系值进行加权，可得到该城市的连接度，该指标反映了某一城市在城市网络中的重要性，其计算公式为：

$$C_a = \sum_i r_{ai} \tag{1-4}$$

其中，C_a 为城市 a 的网络连接度，r_{ai} 为城市 a 与城市 i 的联系值。每个城市的连接度以这一城市的连接度相对于整个城市网络连接度的比重来表示，即相对连接度：

$$RGC_a = C_a / \sum_i C_i \tag{1-5}$$

3. 计量分析

本书采用计量方法，通过构建计量模型，对律师事务所空间布局变化的影响因素进行分析。书中主要采用皮尔逊（Pearson）相关系数来对因变量律师事务所数量与各自变量之间进行相关性检验。相关系数最早是由统计学家卡尔·皮尔逊设计的统计指标，是研究变量之间线性相关程度的量，一般用字母 r 表示。由于研究对象的不同，相关系数有多种定义方式，较为常用的是皮尔逊相关系数。

皮尔逊相关系数又称积差相关系数，其取值范围为 −1 ~ 1，其相关系数绝对值越大，说明两个变量间的相关性越强。除此之外，还需要做显著性差异检验，即 t – test，来检验两组数据是否显著相关。一般来说，样本数量越大，需要达到显著性相关的相关系数就会越小。简言之，判断两个变量间的相关关系主要还是看显著性，而非相关系数本身。

第四节　研究框架与内容组织

一、研究框架

首先，本书在对国内外律师服务业发展趋势，以及律师服务业空间研究相关文献回顾与梳理的基础上，分别从中国律师服务业的空间过程及影响因素，以及广州市律师服务业空间过程的案例分析两个层面，即全球、全国两个空间尺度，运用空间可视化、空间分析、网络分析等方法，对中国律师事务所在全球和国内，以及外国及中国港澳台地区投资律师事务所在中国境内的空间布局、空间扩展，以及总部—分支联系下的律师服务网络等的空间特征变化进行了全面、系统的分析。其次，选取广州市作为研究案例，对广州市律师事务所在全球、在国内，以及在区域中的空间扩展过程及影响因素进行了定性分析，并对律师事务所在城市内部的空间布局演变过程进行分析。最后，对中国律师服务业空间结构的优化，以及广州城市内部律师事务所空间布局的优化提出了相关思考，并以广州市为例，对中国城市律师服务业的发展提升提出相应的对策建议（见图 1 – 1）。

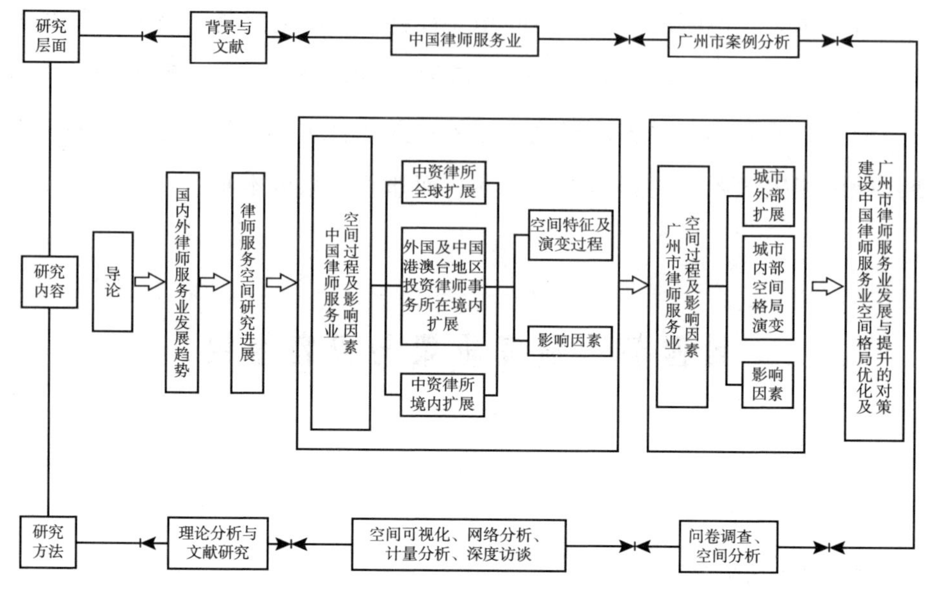

图 1－1　本书研究框架

二、内容组织

基于以上思路，本书将研究内容分为九个章节：

第一章导论。首先，从全球和国内两个层面，对本书的选题背景进行了介绍，提出了主要的研究问题，并阐释了本书的研究意义。其次，对律师服务相关概念进行界定，以及对律师服务业的特征进行总结，并介绍本书的研究框架和主要研究内容，并提出本书可能的创新点。

第二章国内外律师服务业发展趋势。从全球、国家、区域和城市 4 个层面，对当前律师服务业的发展特征和趋势进行了分析。全球层面，分析了当前英国、美国等西方发达国家主导下的全球律师服务市场，以及以中国为代表的新型经济体国家律师服务业的迅速崛起及其在全球律师服务体系中影响力的提升。国家层面，从服务能力、市场规模等方面，分析了我国律师服务业的发展趋势，并从市场构成、人员结构、行业构成等方面，对国内律师服务业的结构进行了分析。区域层面，选择粤港澳大湾区作为研究的案例区域，对区域内“9+2”的城市律师服务业发展现状进行了分析，并着重分析了我国香港地区、澳门地区、广州市和深圳市等核心城市在区域律师合作方面存在的优势、潜力及现状等。城市层面，以广州市为案例城市，分析了广州市律师服务业发展的总体特征，以及在行业规模、行业发展的外向化及跨区域扩展等方面的趋势。

第三章律师服务的空间研究进展。首先，系统回顾了律师服务业空间研究的由来与进展。本书回顾了广泛意义上的法律地理学研究，并梳理了法律地理学下更加具体的律师服务业的空间特征研究，包括律师服务业的空间布局、律师服务业的空间扩展，以及更新的律师服务联系网络研究等。其次，在此基础上，梳理了影响律师服务业空间特征的相关因素，包括经济因素、政治因素和社会因素等。最后，对律师服务业对于城市发展的作用进行了阐释。

第四章中资律师事务所全球扩展及其影响因素。首先，从中资律师事务所“走出去”的视角出发，选取在全球律师事务所排名中靠前的中国大型律师事务所和精品所，通过获取其全球范围内分支机构的时空分布数据，首先分析了中资律师事务所全球扩展的阶段性特征，以及不同阶段中资律师事务所全球布局的空间演变。其次，分析了中资律师事务所全球联系网络的空间结构与变化。最后，以国家为单元，选取相关变量，构建回归模型，对影响中资律师事务所空间特征的影响因素进行了分析。

第五章外国及中国港澳台地区投资律师事务所在中国的区位选择。与“走出去”的视角相对应，从外国及中国港澳台地区投资律师事务所“引进来”的视角出发，首先，分析了20世纪90年代以来包括中国港澳台律师事务所和外国律师事务所在中国境内的发展历程与发展趋势。其次，通过获取外国及中国港澳地区投资律师事务所在中国境内各城市分支机构的时空变化数据，对其在中国境内城市的空间布局变化，以及空间联系特征进行了分析，并对境内外国及中国港澳台地区投资律师事务所的来源地联系变化进行了分析。在空间分析的基础上，构建回归模型，对外国及中国港澳台地区投资律师事务所在中国境内空间布局变化的影响因素进行了分析。

第六章中国境内律师服务业空间演变及其影响因素。从国家层面，对中国律师服务业发展的阶段划分、空间布局变化、联系网络变迁以及影响因素进行了分析。首先，梳理了新中国成立以来中国律师服务业的发展历程，并根据改革开放以来中国律师事务所和执业律师数量的变化情况，将中国律师服务业的发展划分为 4 个阶段。在此基础上，基于中国司法部公布的中国境内所有律师事务所设立的时空数据，对不同阶段中国律师事务所和执业律师的空间分布变化以及联系网络的变化特征进行了分析。在空间分析的基础上，构建计量模型，对中国境内律师事务所空间布局演变的影响因素进行了分析。

第七章广州市律师服务业空间扩展与动因分析。以广州市为例，基于广州市本土律师服务业在广州市以外设立的分支机构的时空变化数据，并结合对广州市相关律师事务所的调研和访谈资料，从全球、国内和区域 3 个空间尺度上，对广州市律师服务业的空间扩展过程及其影响因素进行分析。

第八章广州市律师服务时空特征演变及其影响因素。在对广州市律师服务业发展进行阶段划分的基础上，对广州市内律师事务所的空间分布变迁，以及不同阶段广州市内律师事务所空间布局结构的演变特征和趋势进行了分析。在此基础上结合对广州市律师事务所调研访谈资料，以及广州市经济、社会及城市空间布局等特征，对广州市律师服务业空间布局演变的影响因素进行了分析。

第九章中国律师服务业空间结构优化与发展的对策建议——兼论对广州市的思考。首先，本章从进一步“走出去”拓展中国律师服务全球网络、在“引进来”方面持续拓展中国律师业对外开放的广度和深度、加强中西部地区律师服务业发展、鼓励国内律师事务所在全国拓展分支机构网络，以及在加强区域律师服务业的融合等方面，对我国律师服务的空间结构优化和发展提出了相关看法。其次，以广州市为例，对城市内部空间律师服务业的空间结构优化提出了相关对策建议。最后，对广州市律师服务业的进一步发展有针对性地提出了对策建议。

第二章
国内外律师服务业发展趋势

第一节　全球律师服务市场发展

一、英美主导下的全球律师服务市场持续增长

1. 全球律师服务市场规模持续增长

2008～2019 年，全球律师服务市场持续增长，市场规模由 2008 年的 5810 亿美元增长到 2019 年的 7660 亿美元，年均增速 2.65%（见图 2－1）。特别是 2019 年较 2018 年增长了 310 亿美元，增幅达到 4.22%，全球市场规模在稳步增长的过程中有日益加快的趋势。

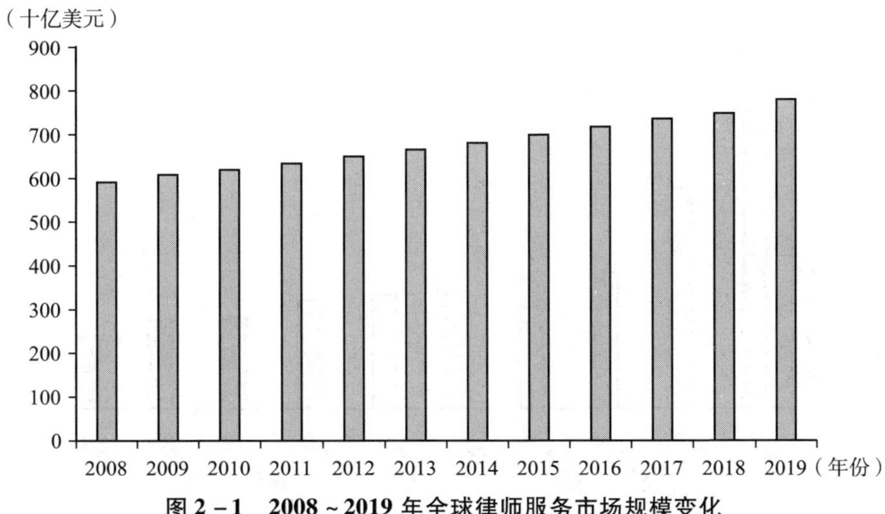

图 2－1　2008～2019 年全球律师服务市场规模变化

资料来源：前瞻经济学人网站．2018 年全球法律服务市场竞争格局与发展趋势分析发达国家竞争优势明显［EB/OL］．（2019－4－11）［2020－3－15］．http：//www. qianzhan. com/analyst/detail/220/190410－548ca4e9. html.

2. 英美国家主导国际律师服务业高端市场

当前，全球律师服务业供给的高端市场主要集中在欧美等经济发达国家。从 2018 年全球 200 强律师事务所的空间分布来看，其中，171 家在美国设立了机构，占比超过 85%；而在英国设立机构的前 200 强律师事务所达到 126 家，占比超过 60%；中国内地和中国香港设立机构的同为 78 家（见图 2－2），机构数量上与美国、英国还存在较大差距，且较多为欧美大所在我国内地和香港地区设立的分支机构。从全球律师服务供给高端市场的城市分布来看，排名前 10 位的城市中，除香港地区、上海市和北京市分别拥有 78、75 和 74 家全球顶尖律师事务所，并分列第 6～第 8 位外，其他城市均为美国和英国的城市，其中，纽约、华盛顿和伦敦分列第 1～第 3 位（见图 2－3）。

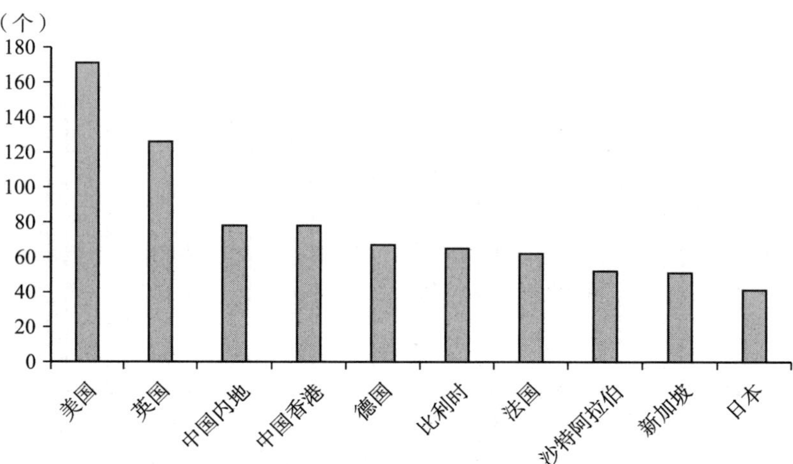

图 2－2　2018 年全球 200 强律师事务所按国家及地区分布

资料来源：前瞻经济学人网站．2018 年全球法律服务市场竞争格局与发展趋势分析发达国家竞争优势明显［EB/OL］．（2019－4－11）［2020－3－15］．http：//www. qianzhan. com/analyst/detail/220/190410－548ca4e9. html.

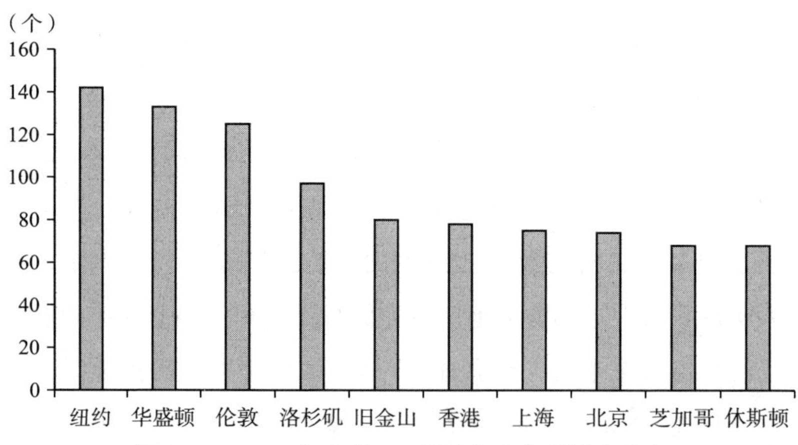

图 2－3　2018 年全球 200 强律师事务所城市分布

资料来源：前瞻经济学人网站．2018 年全球法律服务市场竞争格局与发展趋势分析发达国家竞争优势明显［EB/OL］．（2019－4－11）［2020－3－15］．http：//www. qianzhan. com/analyst/detail/220/190410－548ca4e9. html.

二、中国律师事务所在全球的地位日益突出

从全球高端律师提供的律师事务所收入规模分布来看，排名前 10 位的律师事务所中，除排在第 6 位的北京大成律师事务所来自中国外，其他 9 大律师事务所均来自欧美等发达国家（见图 2－4）。但从律师事务所收入规模增长排名看，近年来，以盈科、锦天城等为代表的国内大所收入规模增长迅速（见图 2－5），但与欧美创收超过 10 亿美元的顶级律师事务所相比，在律师事务所收入规模上还存在较大差距。

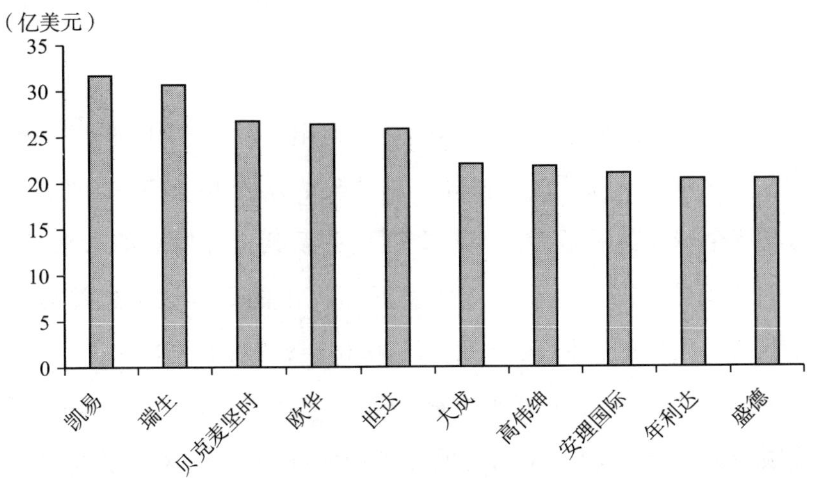

图 2－4　2018 年全球 200 强律师事务所收入规模排名前 10 位

资料来源：前瞻经济学人网站 . 2018 年全球法律服务市场竞争格局与发展趋势分析发达国家竞争优势明显［EB/OL］.（2019－4－11）［2020－3－15］. http：//www. qianzhan. com/analyst/detail/220/190410－548ca4e9. html.

当前，全球贸易保护主义愈演愈烈，逆全球化思潮不断发酵，但中国却加快了新一轮开放的步伐。如扩大进出口贸易、推动共建“一带一路”、制定新外商投资法促进投资便利化等。进入 2019 年，一系列全方位

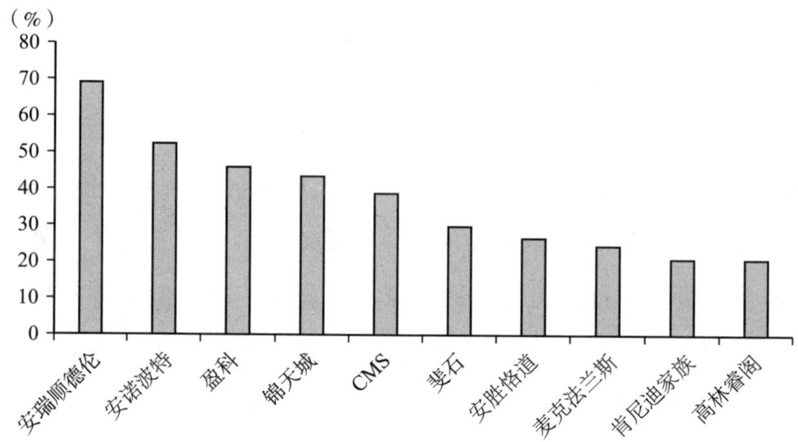

图 2-5 2018 年全球 200 强律师事务所收入增幅排名前 10 位

资料来源：前瞻经济学人网站.2018 年全球法律服务市场竞争格局与发展趋势分析发达国家竞争优势明显［EB/OL］.（2019-4-11）［2020-3-15］. http：//www. qianzhan. com/analyst/detail/220/190410-548ca4e9. html.

对外开放的政策措施陆续落地，形成了“走出去”与“引进来”相结合、贸易与投资并重的全面开放新格局。总结改革开放 40 多年来的发展经验，中国是经济全球化的受益者。经济全球化关系到世界发展的未来，“一带一路”倡议正是中国为推动全球化发展而提出的国际区域经济合作新模式，也带来了大量的国际投资机会。2020 年，我国企业在“一带一路”沿线对 58 个国家非金融类直接投资 177.9 亿美元，同比增长 18.3%，占同期总额的 16.2%，较上年同期提升 2.6 个百分点①，对外投资贸易的快速增长在给国内外企业提供巨大的跨境交易市场机会的同时，也给中国律师的国际化发展拓展了空间。

如在外国直接投资（FDI）方面，以 2020 年 1 月 1 日实施的新《中华人民共和国外商投资法》为例，新法实施后的 5 年内，现有的 50 万余家

① 中华人民共和国商务部对外投资和经济合作司.2020 年我对“一带一路”沿线国家投资合作情况［EB/OL］.（2021-1-22）［2021-2-15］. http：//hzs. mofcom. gov. cn/article/date/202101/20210103033292. shtml.

外商投资企业可以依照《中华人民共和国公司法》（以下简称《公司法》）或《中华人民共和国合伙企业法》（以下简称《合伙企业法》）的相关规定，重新签订投资合同及公司治理文件。同时，新设的外商投资企业的组织形式和组织机构可选择适用《公司法》或《合伙企业法》的规定，未来企业法务和律师面临着大量的合同文件修改工作。

2019 年 10 月，世界银行发布的《2020 营商环境报告》显示，中国营商环境排名由 46 位上升到 31 位，提升 15 位，世界看到了中国在优化营商环境方面取得的显著成果，也标志着我国正致力于进一步完善市场化、法治化、国际化的营商环境。新业态、新技术正在快速渗透、充分赋能传统法律服务，也给予了新兴律师服务业进场者价值创造的新机遇。

第二节 中国律师服务市场增长明显

一、市场规模持续扩大，非诉和民诉类业务增长迅速

市场规模稳步增长，诉讼类业务占比较高，非诉类业务增长迅速。2014～2018 年，中国境内律师服务市场规模由 473 亿元增长到 583 亿元，增幅达到 23.25%，年均增长 4.65%（见图 2－6）。从案件数量变化来看，2014～2018 年，国内诉讼案件数量从 282.1 万件增长到 497.8 万件，增长了 76.46%；其中非诉讼案件数量从 67.3 万件增长到 105.8 万件，增长了 57.21%，增长速度要低于诉讼案件（见图 2－7）。

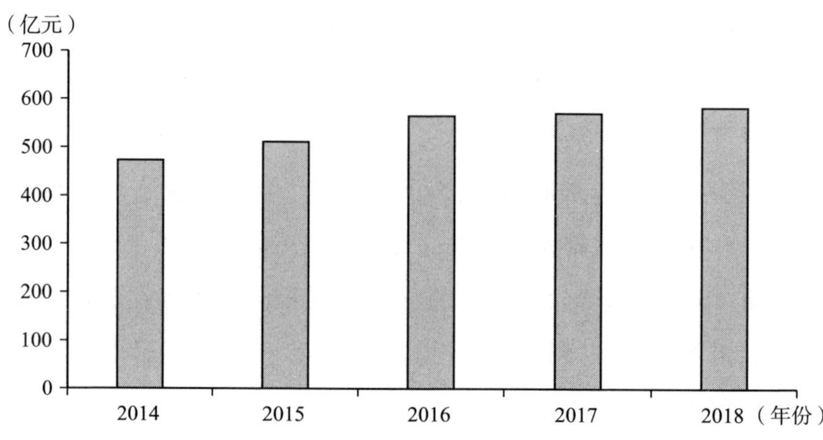

图 2-6　2014~2018 年中国境内律师服务市场规模变化

资料来源:根据历年《中国统计年鉴》公布数据整理。

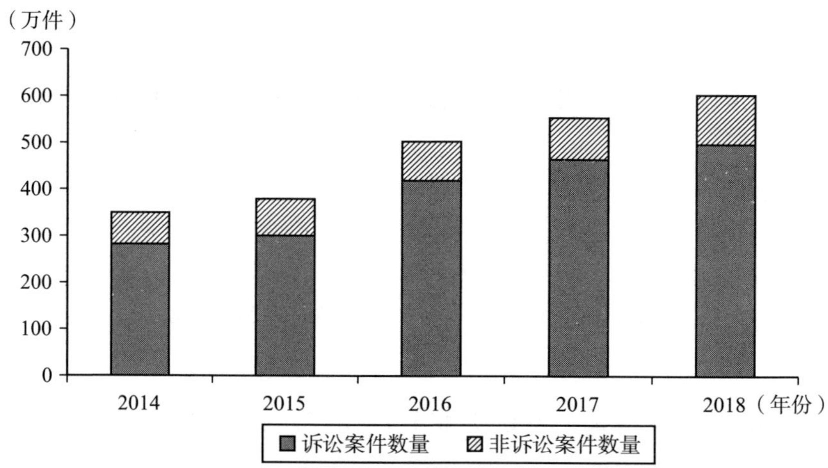

图 2-7　2014~2018 年中国境内诉讼和非诉讼案件数量变化情况

资料来源:根据历年《中国统计年鉴》公布数据整理。

各类业务增长明显，企业和公民对律师服务价值认识不断提高。律师服务市场受理的业务结构变化，一定程度上能反映律师服务市场的发展趋势。2009~2018 年，中国境内聘请律师担任法律顾问的企业由 33.8 万家增长到 70 万家，增幅为 107%。中国境内律师担任代理的民事案件由

149.9万件增长到396.9万件，增幅为165%。这两项数据的快速增长表明企业和公民法治意识不断增强，更加主动地利用市场化的律师服务来防范法律风险和维护法律权益，同时也是对律师服务业认可度提升的表现（见表2－1）。

表2－1　　2009～2018年中国境内律师受理法律业务变化情况

项目	2009年	2010年	2011年	2012年	2013年	2014年	2015年	2016年	2017年	2018年
担任法律顾问（万家）	33.8	36.9	39.2	44.8	45.7	50.7	54.8	57.9	63.0	70.0
民事案件代理（万件）	149.9	156.9	169.4	177.9	188.7	210.0	247.6	274.5	387.3	396.9
刑事案件辩护及代理（万件）	56.4	53.1	56.9	57.6	59.2	66.7	71.7	70.4	70.5	81.5
行政案件代理（万件）	5.7	5.1	5.2	4.3	5.8	6.5	8.6	9.9	15.7	16.6
非诉讼法律事务（万件）	56.9	54.9	62.5	58.5	81.8	67.3	78.4	84.4	84.9	105.9
咨询和代书（万人次）	383.1	474.5	513.6	436.9	452.3	464.3	508.2	530.2	452.4	322.6

资料来源：根据历年《中国统计年鉴》公布数据整理。

人民法院的收案情况一定程度上能够反映律师服务市场的案件来源情况，即经济类市场规模最大，家庭市场次之。从2018年全国范围内人民法院所受理案件的构成来看，全年全国总收案1244.97万件，其中，合同、无因管理、不当得利纠纷类案件797.21万件，占总量的比重达到64.04%，是国内案件的主要来源。婚姻家庭、继承纠纷类案件数量为

180.88万件，占比为14.53%，排在第2位。侵权责任纠纷类案件数量也超过了100万件，占比为8.80%，其他占比超过1%的案源类型还包括劳动争议和人事争议、物权纠纷、知识产权与竞争纠纷；与公司、证券、保险、票据有关的民事纠纷，以及人格权纠纷等（见图2-8）。

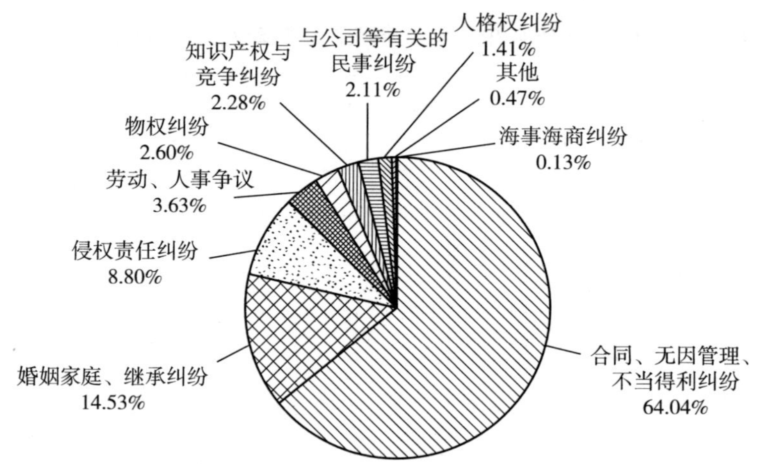

图2-8　2018年人民法院受理案件来源构成

资料来源：根据历年《中国统计年鉴》公布数据整理。

二、律师事务所整体数量增加较快，中小所增长尤为明显

律师事务所数量增长较快，以合伙所和个人所为主，中小规模律师事务所占比较高。从国内律师服务供给侧发展来看，1986~2018年，国内律师事务所数量由3198家增长到30647家，数量规模增长了近10倍（见图2-9）。2018年，国内律师事务所的构成中，合伙所的占比达到66.43%，占绝大多数；个人所的占比为29.97%，位居第2位；国资所的占比仅为3.61%（见图2-10）。从律师事务所人员规模结构来看，2018年，国内62.64%的律师事务所为10人以下的小所，30.66%的律师

事务所规模在 10～29 人，100 人以上的大所占比仅为 0.86%，表明当前国内律师事务所的规模以中小型为主（见图 2－11）。

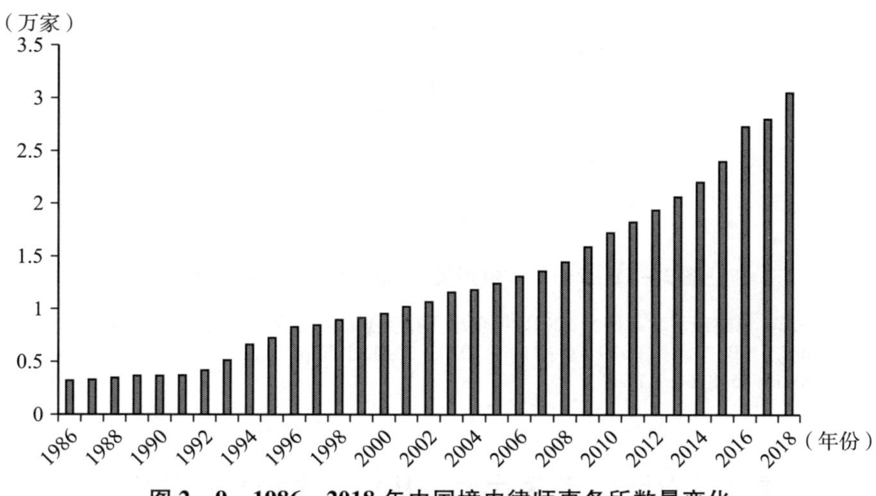

图 2－9　1986～2018 年中国境内律师事务所数量变化

资料来源：根据历年《中国统计年鉴》公布数据整理。

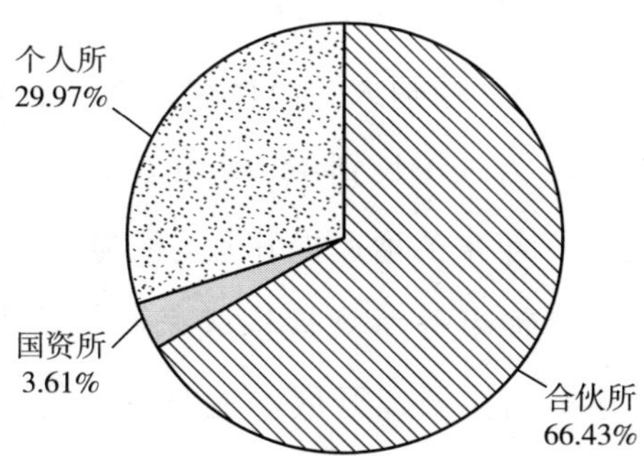

图 2－10　2018 年中国境内律师事务所性质构成

资料来源：前瞻经济学人网站．2018 年全球法律服务市场竞争格局与发展趋势分析发达国家竞争优势明显［EB/OL］．（2019－4－11）［2020－3－15］．http：//www. qianzhan. com/analyst/detail/220/190410－548ca4e9. html.

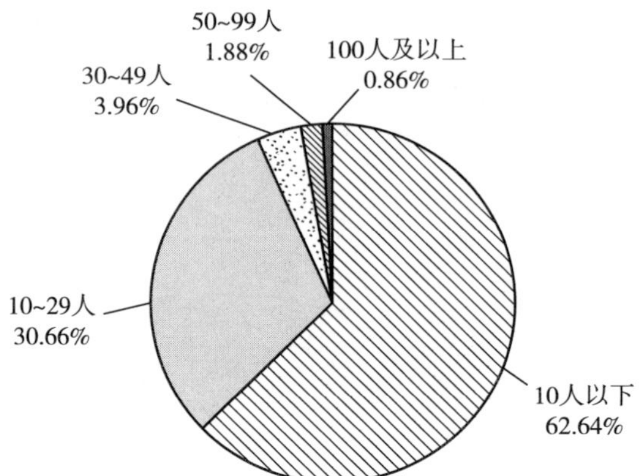

图 2－11　2018 年中国境内律师事务所规模结构

资料来源：前瞻经济学人网站 . 2018 年全球法律服务市场竞争格局与发展趋势分析发达国家竞争优势明显［EB/OL］.（2019－4－11）［2020－3－15］. http：//www. qianzhan. com/analyst/detail/220/190410－548ca4e9. html.

三、律师从业队伍迅速壮大，从业人员结构持续优化

律师队伍在改革调整中迅速壮大。从国内律师队伍的发展来看，国内执业律师人数除 20 世纪 80 年代末到 90 年代初这一阶段，以及 1997 年和 2007 年出现短暂下降外，国内执业律师人数总体保持增长态势。1986～2018 年，国内执业律师人数由 2. 15 万人增长到 42. 38 万人，增长了 18. 7 倍，年均增长 1. 75 万人，特别是近 5 年来的增速提升尤为明显（见图 2－12）。

从前面提到的我国律师事务所规模构成来看，绝大多数是 10 人以下的小型所，这些律师事务所主要以开展本地业务为主，对于业务的扩张既没有相关需求，也缺乏相应的实力。而从律师事务所的空间分布格局来看，执业律师人数在 50 人以上，但数量占国内律师事务所总量不到 3% 的大型律师事务所主要分布在北京市、上海市、广州市和深圳市等核心城市，并且已基本上形成了以北京市、上海市、广州市、深圳市、成都市等主要城市构成的核心法律联系网络（邹小华等，2015）。

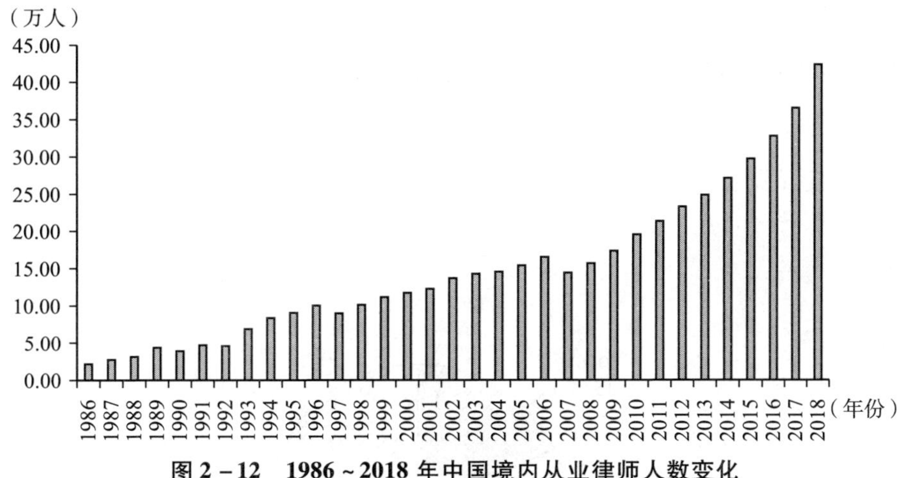

图 2－12　1986～2018 年中国境内从业律师人数变化

资料来源：根据历年《中国统计年鉴》公布数据整理。

专职律师占比较高，从业人员趋于年轻化。从国内律师构成来看，2018 年国内从业律师中专职律师的人数为 36. 4 万人，占比达到 86. 03%，为我国律师队伍的绝对主力。公职律师人数为 3. 1 万人，占执业律师总数的 7. 33%，居第 2 位。兼职律师、公司律师、法律援助律师以及军队律师总数仅为 2. 81 万人，总占比仅为 6. 64%（见图 2－13）。

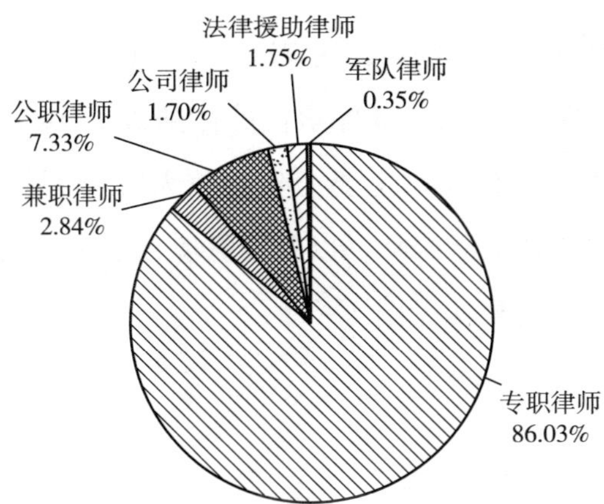

图 2－13　2018 年中国国内从业律师类别构成

资料来源：国家统计局．中国统计年鉴 2019 [M]．北京：中国统计出版社，2019.

从国内执业律师的年龄结构来看，2018 年有 63. 88% 的执业律师年龄在 30 ~ 49 岁，30 岁以下的年轻律师占比也达到 18. 42%，居第 2 位，50 岁以上的律师占比为 17. 70%。可以看出，国内律师队伍的年龄结构总体较为年轻（见图 2 – 14）。

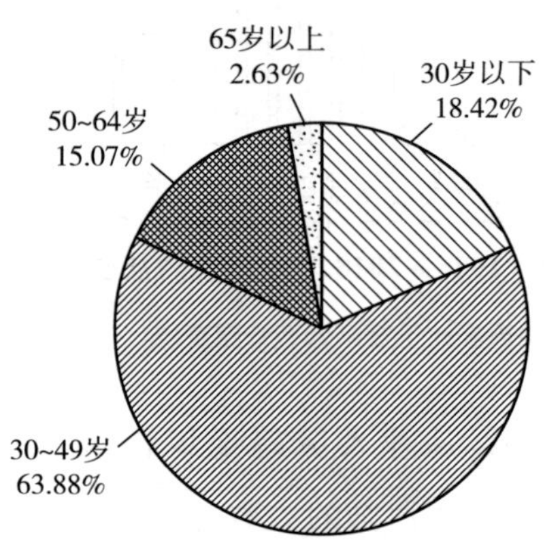

图 2 – 14　2018 年国内从业律师年龄结构

资料来源：国家统计局．中国统计年鉴 2019 [M]．北京：中国统计出版社，2019.

从业人员以本科为主，教育结构有待进一步优化。2018 年，中国境内执业律师中，本科学历律师占比为 72. 49%，硕士学位律师占 19. 11%，博士学位律师占 2. 33%，拥有境外学位的律师占 1. 64%，尚有 4. 43% 的律师为本科以下学历（该群体主要为年龄较大的资深律师）。可以看出，国内拥有硕博学位的高学历律师，以及拥有境外学位、能开展国际化业务的律师占比仍然有待提升（见图 2 – 15）。

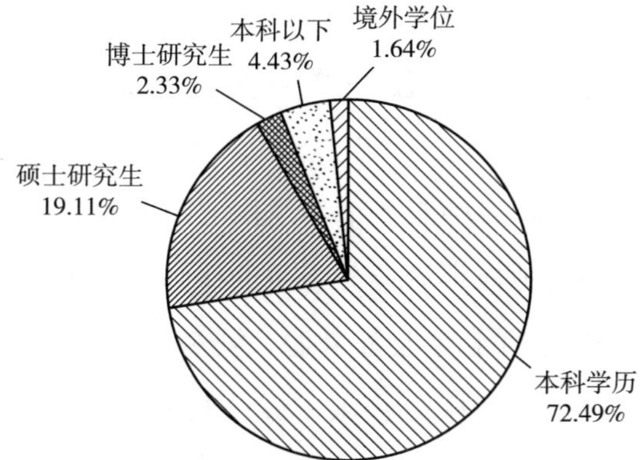

图 2-15 2018 年国内从业律师文化程度构成

资料来源：国家统计局．中国统计年鉴 2019［M］．北京：中国统计出版社，2019.

第三节 区域律师服务业融合与发展

区域一体化背景下，区域内城市间的合作，以及区域内产业融合，已成为城市和区域经济发展新的趋势（王荣成、丁四保，2005）。粤港澳大湾区作为我国区域经济一体化发展较早的区域之一，区域内在法律服务的协作及律师服务的合作方面，已取得一定的成果（邓路遥，2009）。并且，与国内其他区域不同，粤港澳大湾区跨越了我国内地、香港和澳门 3 个不同的区域，这在为区域律师服务业融合发展带来一定困难的同时，也相应地提供了合作的机遇（蒋磊，2020；邓伟平、郭世恩，2020；张淑钿，2020）。因此，有必要开展相关区域律师服务融合的研究，故本书选择粤港澳大湾区，作为区域律师服务融合与发展的研究案例区域。

一、粤港澳大湾区律师在差异中找合作共赢

我国粤港澳大湾区在律师服务市场结构上的差异为跨境律师合作提供了基础。相比于中国内地以诉讼业务为主的律师服务市场，非诉讼业务是香港地区律师服务市场的主要业务来源，业务范围主要涉及房地产和金融、证券、贸易等高端商务服务领域，诉讼业务只占总业务的较小部分，并且非诉讼市场还在进一步拓展和深化。而2018年，广州市、佛山市等城市律师事务所业务量结构中，非诉讼业务量仅为诉讼业务量的1/3左右，这也体现了二者的差别。

大湾区经济、社会交流的日益密切为区内律师服务业提供了更大的市场。2019年《粤港澳大湾区发展规划纲要》的印发，将进一步推动和保障粤港澳在人员、物资、资金和信息等方面的交流。在此背景下，未来大湾区内在教育、旅游、基础设施建设、贸易、金融、科技等方面的合作将更加紧密，由此也必然给律师服务业带来更大规模的市场。

二、穗港深律师服务业三足鼎立且合作加深

穗港深规模优势明显，广州市执业律师人数规模居首位，但律师事务所数量少于港深。律师事务所数量方面，香港有915家律师事务所，居首位；深圳市和广州市次之，但差距不大。而在执业律师数量方面，广州市居于第1位，深圳市次之，香港位列第3位。大湾区内的其他城市不论是在律师事务所数量还是执业律师数量方面，与穗港深均存在较大差距（见图2－16）。

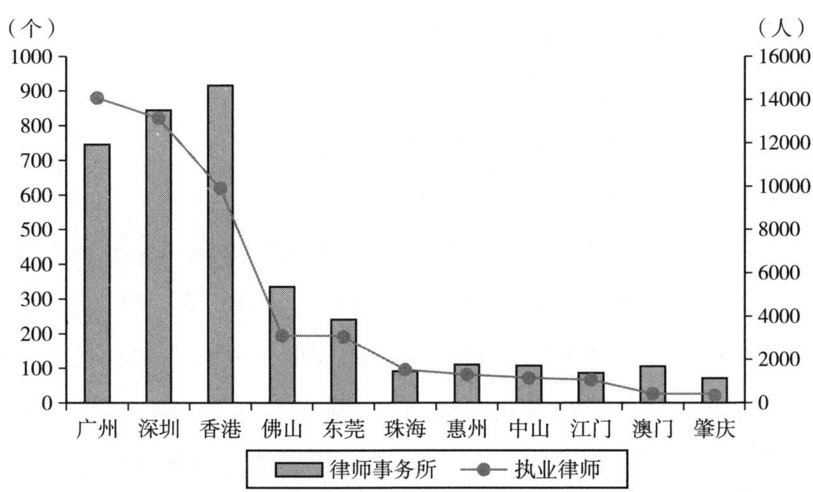

图 2－16 粤港澳大湾区内城市 2018 年律师事务所和执业律师数量

资料来源：根据各城市统计年鉴、司法部门和律师协会公布数据整理。

我国香港地区律师行业以“小而专”为主，与广州市的“小而全”“大而全”发展模式有所区别。2017 年拥有 213 名律师，广州市最大的律师事务所规模已超过 500 人，而香港 3～4 人的小规模律师事务所居多。但香港的律师事务所一般深耕某项业务，专业分工特征细致，律师一般也是精通某类业务，律师服务市场主要表现出“小而专”的特征。包含广州市在内的珠三角地区 9 市的律师服务供给市场的专业化特征并不突出，虽然当前已形成了综合化规模所、复合型专业所、中小型精品所相结合的多元化律师服务供给体系，但在业务开展过程中，专业化特征表现并不明显，很大一部分律师事务所和律师仍旧以开展综合业务为主，“小而全”“大而全”的发展特征较为突出。

我国港澳国际化优势明显，粤港澳区域法律合作网络已现雏形。香港地区的法律制度发展较为成熟、透明度高，在国际排名中表现优异，在国际化法律人才的培养、储备等方面都有较强优势。澳门地区虽然律师服务业规模总量不大，但由于其曾长期采用葡萄牙的法律体系，其律师服务市场与葡语国家有着密切的联系，律师服务市场的国际化方面也存在一定的特色和优势。粤港澳的区域法律合作早已有之。2003 年，内地与香港建立更紧密经贸关系的安排（CEPA）允许内地的律师事务所聘用港澳地区法律执业者从事除了内地法律事务外的法律事务，也允许已获得内地律师资格的香港、澳门律师或通过内地司法考试取得法律职业资格的港澳律师在内地实习并执业，从事非诉讼法律事务。2016 年，《广东省司法厅关于香港特别行政区和澳门特别行政区律师事务所与内地律师事务所在广东省实行合伙联营试行办法（修订）》施行。2019 年印发的《粤港澳大湾区发展规划纲要》明确提出：要“深化粤港澳合伙联营律师事务所试点”。截至 2019 年底，有 14 家香港律师事务所在广州市设立代表处，穗港两地律师事务所在广州市共同设立合伙联营律师事务所 2 家。

第四节　广州市律师事务所发展特征

本书选择广州市作为国内城市律师服务业空间研究的案例分析城市。广州市作为中国改革开放的前沿阵地，也是改革开放以来我国律师制度恢复最早的 4 个试点城市之一，并且律师服务业经历了市场化改革和快速发展，虽然近年来增速相对有所放缓，但仍然是我国律师服务业发展水平最高的城市之一。并且，相比于北京市和上海市这两个在律师服务业发展方面拥有先天优势的城市，广州市的律师服务业发展在国内城市中更具一般化的特征，因此，对广州市律师服务业发展及空间特征研究，对于国内城市律师服务业的发展也更具借鉴意义。

一、广州市律师事务所发展总体特征

从广州市律师事务所历年新增数量和累计总数变化来看，自 1983 年广州市第一家现代律师执业机构——广东法制盛邦律师事务所[①]成立以来，虽然广州市历年新增律师事务所数量出现了较大的起伏，其中 1994 年、2000 年、2009 年及 2018 年左右均出现了阶段性的增长高峰，而 1997 年、2007 年及 2013 年则出现了阶段性的谷值，新增律师事务所数量呈现一定的周期性变化特征（见图 2－17）。但总体来看，各年度律师事务所新增数量和总量均呈现加速上升的增长态势。

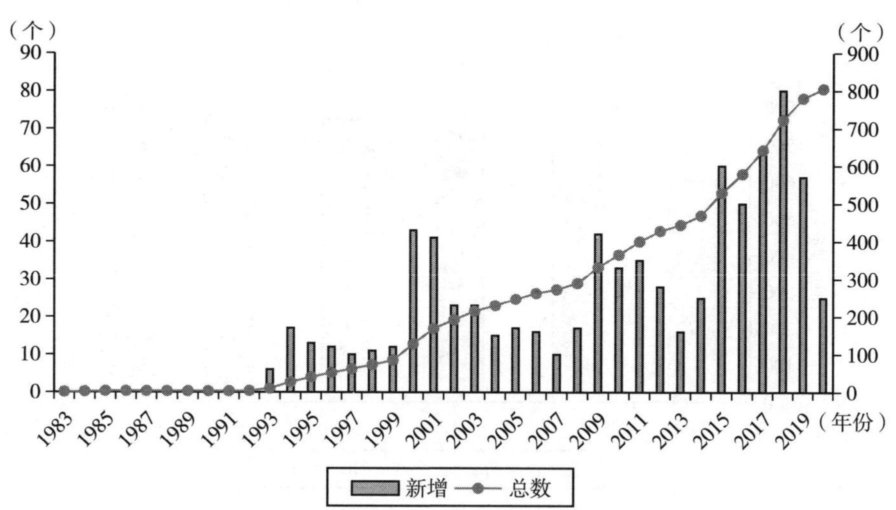

图 2－17　1983～2020 年广州市律师事务所新增和总量变化

资料来源：广东法律服务网．律师事务所查询［EB/OL］．［2020－7－13］．http：//gd. 12348. gov. cn/jsp/web/legalserviceorg. jsp？fwOrgType = 100&flag = org.

---

① 1983 年成立时名称为广东对外经济法律顾问处；1984 年更名为广东对外经济律师事务所，并于 2001 年进行合伙制改革，再次更名为盛邦律师事务所；2002 年，广东盛邦律师事务所与广东法制律师事务所达成协议，合并设立了广东法制盛邦律师事务所。

二、服务力量稳步壮大，市场规模稳中有增

在经济进一步发展，以及产业结构优化调整的过程中，市场中所产生的法律纠纷逐渐增多，律师事务所与执业律师人数逐年上升，广州市律师事务所从2016年的604家上升至2020年的814家，年平均上升8.69%，执业律师人数从2016年的10852人上升至2020年的17956人，年平均上升16.36%（见图2－18）。截至2020年底，稳居北京市、上海市之后，列全国各大城市第3位，每万人口拥有律师数升至11.1人，远高于国内生产总值（GDP）的年平均增速，说明经济增长后，社会对法律业务的需求增长更快。

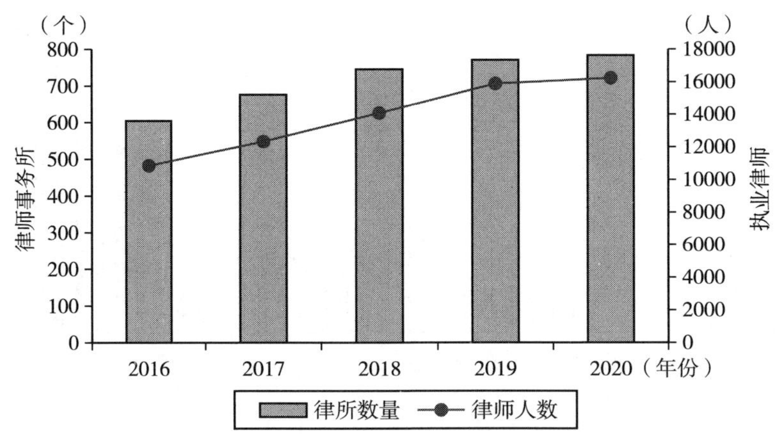

图2－18　2016～2020年广州市律师事务所及执业律师人数

资料来源：①广州市司法局官网．数读广州律师这四年（2016－2019年）[EB/OL]．(2020－7－1)[2021－4－30]. http://stj. gz. gov. cn/xxgk/sjfb/content/post_6431370. html.

②广州市律师协会官网．信息时报：广州现有律师17956名平均每万人拥有11.1名律师[EB/OL]．(2021－4－16) [2021－5－15]. http://www. gzlawyer. org/info/450798636c30419fqc18aeoof4074086.

2010～2019年，广州全市律师服务市场规模由14.28亿元增长到

76.3亿元，增幅达到434%，年均保持48.26%的增长率，尤其2015年之后，增速提升尤为明显。在此背景下，全市律师人均营业额也保持持续快速增长，由2010年的21.44万元增长到2019年的47.02万元，年均增长13.26%，2015年后人均营业额增速进一步加快（见图2-19）。

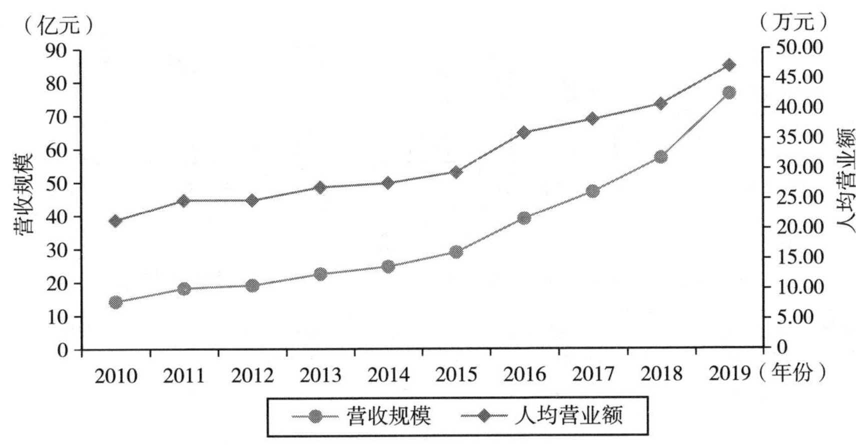

图2-19　2009~2019年广州律师服务市场规模和人均营业额变化

资料来源：根据历年《广州统计年鉴》和广州市律师协会提供数据整理。

三、从“引进来”到“走出去”趋势明显

广州市作为中国对外开放的前沿阵地，其经济发展具有很强的外向性特征。随着广州市经济全球化水平的提升和对外开放的不断扩大，其律师服务市场的国际化程度也在不断提升，主要涉及的领域包括境外投资并购、建设工程、跨境用工、涉外仲裁和调解等诸多领域。从广州市法院受理的涉外民商事案件变化情况来看，2008年以来，案件数量保持平稳增长。广州市涉外民商事律师服务市场规模稳步上升，其中2018年一审和二审收案1846件，较2017年增长117%（见图2-20）。与此同时，广州市律师积极参与涉外重大项目和代理涉外案件。涉外律师服务正成为广州

市律师服务市场日益重要的组成部分。

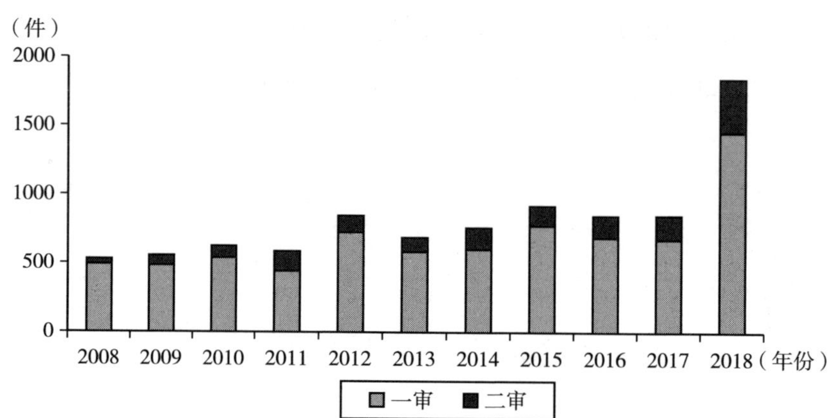

图 2－20　2008～2018 年广州法院涉外民商事案件收案情况

资料来源：涉外商事庭．广州法院涉外民商事审判白皮书（2008～2018）［EB/OL］．（2019－4－16）［2020－2－21］．http：//www. gzcourt. org. cn/xwzx/bps/2019/04/16150106080. html.

在经过长期的“引进来”式发展后，当前广州市的律师事务所正在不断寻求“走出去”的路径，开拓境外业务，提升律师事务所的国际竞争力。一部分实力较强的律师事务所通过合并境外律师事务所或自主设立分所等形式，拓展一体化的全球分支机构网络。而对于更多的中小型律师事务所而言，通过加入国际律师事务所联盟的形式来学习国际上律师事务所有价值的经验和整合全球资源，是其业务全球化扩张的一个较为可行的策略。

为提升律师服务业供给的国际化水平，广州在涉外律师的培养和培训上不断加强。2019 年，全国首家涉外律师学院——广东涉外律师学院落户广州市。2019 年，司法部公布全国千名涉外律师人才库，广州市有 61 名律师入选，入选规模位居全国前列。广州市律师事务所的境外分所也由 2018 年的 6 家增加到 2019 年底的 17 家。借助“一带一路”倡议和粤港澳大湾区建设等提供的绝好契机，未来广州市律师服务市场的全球化水平将会得到进一步提升。

四、律师之间跨区域合作越来越普遍

粤港澳大湾区内城市在经济、社会、人文和空间联系，以及政策优惠方面都拥有无法比拟的巨大优势。2019 年《粤港澳大湾区规划纲要》的发布，使得大湾区内各城市间的合作前景进一步明朗。粤港澳大湾区分属 3 种不同的法律体系，虽然为三地律师服务业合作产生了一定的障碍，但也为广州市律师服务市场对接国际市场提供了一个重要的发展契机。粤港澳对争议解决的需求将为广州市律师服务业在仲裁方面带来大量市场需求增量。2018 年 9 月粤港澳大湾区仲裁联盟在南沙区成立，将助力广州市律师服务业在粤港澳大湾区仲裁市场中发挥更为重要的作用。2019 年 12 月，广州市首家粤港澳联营律师事务所——金桥百信司徒维新邝玉球（南沙）联营律师事务所①在南沙自贸区成立，为积极探索符合三地律师市场需求相接轨的机制和方案，以及推动区域法律合作提供了有益尝试。

第五节 本章小结

全球经济一体化背景下，律师服务业的发展日益繁荣，行业规模增长

① 金桥百信司徒维新邝玉球（南沙）联营律师事务所是广州市第一家粤港澳三方联营律师事务所，于 2020 年 1 月获得广东省司法厅批准设立。该所由广东金桥百信律师事务所、香港司徒维新律师行、澳门邝玉球律师事务所共同出资、共同管理运营，办公室设在广州市南沙自贸区。联营所依托粤港澳大湾区及广东省自贸试验区政策，重点发展和提供国际贸易、国际金融、跨境投融资、贸易物流、知识财产权、电子商务、新兴产业等领域的法律服务。联营所将重点突出跨境专业优势，加强地区律师间的合作。这一创举对于探索规范化、规模化、专业化、品牌化和国际化发展道路，推进大湾区及广东省自贸试验区市场化、法治化、国际化营商环境有着重要的意义。

日益加快。这其中，以欧美大型律师事务所为主的西方律师服务业主导了全球律师服务业的发展，在空间上高度集中于纽约、伦敦、华盛顿、洛杉矶等经济中心或政治中心城市；与此同时，以中国为代表的新型经济体的律师服务业迅速崛起，在全球律师服务市场中扮演越来越重要的作用，以北京市、上海市、香港等城市为主的中国城市（地区），在全球律师服务体系中的地位也越来越重要。中国国内律师服务市场日益繁荣，一方面，市场规模快速增长，服务主体规模持续扩大，结构也在不断优化；另一方面，市场构成与行业结构等也在不断优化。律师服务业的区域发展层面，以粤港澳大湾区为代表的区域律师服务一体化程度也在不断加深，区域内城市之间的互补与协作化程度也在不断加强。在城市层面，以广州市为代表的国内城市的律师服务业保持快速增长，律师服务的供给能力和市场规模日益壮大，服务的外向性趋势日益明显。

第三章

律师服务的空间研究进展

第一节　法律地理学研究

法律与地理空间之间存在密切联系，孟德斯鸠早在论法的“精神”中，就对法学中的空间概念进行了思考，即不同地理环境影响下，法律的制定及人们对法律的理解，都存在一定的差异（孟德斯鸠，2020）。早期的地理—法律思想受环境决定论的影响比较明显。法律地理学研究兴起于20世纪60～70年代，主要研究人、空间、法律之间的相互联系与作用（Bennett and Layard，2015；Economides et al.，1986），该研究领域主要是社会科学研究“空间转向”的大背景下，法学研究“空间转向”的结果（朱垭梁，2017）。

广义的法律地理学的研究内容和边界较为模糊和松散（Orzeck and Hae，2019；Delaney，2017）。谭俊（2017）指出，法学研究中引入空间的理念，有助于揭示应然的法律制度、规范与实然的法律网络分布之间的差距，化解法律执行过程中地方化与普遍化之间的矛盾，对于法律及政策的优化也有一定的意义。

关于法律地理学的研究，主要涉及两个方面：一方面，是地理要素对法律的影响。如早期研究关注的地理因素对法律制定的影响，此类研究主要强调“知识的地方性”，不同地理环境下所形成的法律形态也存在一定的差异（俞中，2019）。李德光和王梓安（2014）也认为，中西方法律文化之所以呈现较大的差异，自然环境在其中发挥了重要的影响。俞中（2009）对空间和法律的关系进行了阐释，根据空间范围的大小，将空间划分为社区、地区、国家和世界 4 个层次，认为这 4 个层次分别对应风俗习惯法、地区性立法、国家制定法和世界共同法这 4 种不同类型的法律。范忠信（2003）认为，以东亚大陆特殊的地域气候为特征的自然地理，以及以小农经济的生产方式和宗法社会组织为主要特征的人文地理，共同决定了中国法律的传统特征。另一方面，是法律相关要素的空间特征。如专职律师（刘思达等，2014）、律师事务所（邹小华等，2015）、律师服务市场（侯猛，2018）、司法机构等法律相关从业者和机构的空间分布特征等。该研究方向也是本书研究关注的重点。

第二节　律师服务的空间特征研究

律师服务业虽然是高级生产性服务业的重要组成部分，但长期以来，生产性服务研究和城市研究中对律师行业的发展及其对城市的影响不太重视（Daniels，1993）。由于各国司法体系存在较大差异，导致律师服务业的地方性特征显著，传统上律师服务业大多为本地性市场行为，跨区域的律师服务提供较少，这些特征决定了律师服务业相对于其他高级生产性服务行业，对全球经济的作用有限（Blomley，1987）。但随着全球律师服务市场的发展，以及全球化不断深化，律师服务业的全球扩展趋势也不断增强，关于律师服务空间特征的研究也不断增多。

一、律师服务的空间布局

伊科诺米迪斯等（Economides et al.，1986）提出，人文地理学与法学研究相结合，可以通过研究法律服务的供给方与需求方的空间特征，来揭示法律服务系统的机制和规范性问题，以及法律服务空间布局形成的过程，并有助于律师服务空间布局的优化。关于律师服务业的空间布局，国内外学者在全球、国家和城市等多空间尺度均开展了一系列研究。

国家层面律师服务业空间布局的研究，早在1973年，福斯特（Foster，1973）就对英格兰和威尔士地区事务律师①和律师事务所的空间分布进行了研究，发现事务律师和律师事务所主要集中在人口集中的城市区域，尤其在伦敦中心城区的部分区域高度集中，但律师事务所在中心城区的集中度相对律师的集中度要低，律师事务所中的相当一部分分布在伦敦外围的郊区和卫星城。

美国作为现代法律行业发展最早的国家，其国内律师事务所早期扩张主要集中在一些规模较大的都市区，如美国的纽约和华盛顿这两个经济中心和政治中心，但纽约主要是法律公司的总部所在地，而大多数法律公司都会在华盛顿设立分支机构，以更加接近美国联邦政府所在地。此外，美国的法律机构在制造业带沿线的城市中也有重要分布（Lynch & Meyer，1992；Warf & Wije，1991）。可见，在国家内部，律师事务所也有向重要经济和政治中心城市集中的特征。

---

① 在英国，律师主要分为自身律师（barrister）和事务律师（solicitor），前者等级较高，可以在高级法院出庭辩护，而事务律师属于初级律师，只能出席基层法庭或提供法律咨询。

刘思达等对2004～2010年中国律师跨地域流动进行了研究，并对中国律师的迁移模式、空间特征等进行了总结，发现中国的专职律师在空间发展上极不均衡，并且重点向北京市、上海市和广东省等发达省市集中（刘思达等，2014）。

城市内部的空间分布方面，梵·克里金根等（Van Criekingen et al.，2006）对外国律师事务所在布鲁塞尔城市内部的空间分布特征进行了研究，发现布鲁塞尔的外国律师事务所高度集中于城市中心的部分区域。

在全球层面，欧美大型跨国公司的全球布局也带动了其本土的律师事务所的全球扩展（Hymer，1972）。比沃斯托克（Beaverstock，1999）对伦敦的大型法律公司的全球分布进行了研究，发现其分支机构主要分布在西欧和北美地区，而在亚太、非洲和南美等欠发达地区，则主要分布在少数重要门户性城市，如东京、上海、新加坡、约翰内斯堡、圣保罗等；并且比较偏好政治型城市，如布鲁塞尔、北京、华盛顿等。比沃斯托克等（Beaverstock et al.，2000）在对美国的法律公司全球分布的研究中发现，美国的法律公司在全球范围内也主要分布在西欧和亚太地区，同时在东欧和拉美地区也有一定数量的分布，并且主要集中在几个全球性重要城市。

当前，全球律师服务市场基本以欧美国家的律师事务所为主导，已有的关于全球律师服务网络的研究也揭示了以欧美为中心的格局，特别是伦敦、纽约、巴黎、芝加哥、法兰克福、布鲁塞尔等欧美重要的全球城市，是全球律师服务网络中的核心节点（Morgan & Quack，2005；Taylor & Derudder，2015）。

二、律师服务业的空间扩展与联系网络

1. 律师服务的跨地域扩展

传统的律师事务所一般是地方性的，因此大多数律师事务所只在其所

在的城市提供服务（Roberts，1999）。随着其业务扩张，以及规模的壮大，地方化的律师事务所也开始突破空间限制，向全国或全球范围内扩张。其中，交通和信息通信技术的发展在减弱空间距离的影响方面，以及全球化在消除文化差异和国家管制方面所发挥了重要作用，同时对律师行业的跨区域和全球扩张起到了关键的作用（Bagchi - Sen & Sen，1997；Coffey，2000）。

花旗银行对全球100多家大型律师事务所的研究发现，有国际活跃度（包括在国外设立办事处、参与跨国业务等）的律师事务所更容易在日益全球化的市场中获得机会。欧美的大型律师事务所作为律师服务业全球化的引领者、推动者和受益者，也致力于推动全球法律市场的开放（Faulconbridge & Muzio，2015；Garoupa，2014）。一方面，鉴于法律服务涉及国家司法主权的敏感性，一般国家和地区对于法律服务市场的放开持谨慎态度（Abel，1994）；另一方面，经济全球化进程，以及欧美国家跨国律师事务所在全球的发展，也推动了一些新兴经济体律师服务业的发展和全球化，这些国家本土的律师事务所也开始寻求全球合作和全球扩展，这也推动了全球律师服务市场多元化格局的形成。

张等（Chang et al.，1998）将律师事务所国际扩张的模式总结为4种：开设国外分所、与东道国律师事务所开展合作、加入国际律师事务所联盟，以及聘请国外律师等，在对我国台湾地区国际化扩展模式的研究中发现，律师事务所通过跨国并购等正式的国际协作方式，能够更有效地实现跨国技术转让、人员培训和人员外派，而寻求开拓国际市场的律师事务所，则更多地选择非正式的国际合作方式来拓展国际业务。

2. 律师事务所空间扩展模式

（1）设立办公室。

办公室（office）是中资律师事务所对外扩展早期较为普遍采用的一种形式，办公室作为非独立法人，并不能直接在东道国开展法律服务，其对内是处理特定事务的地方，对外是中资律师事务所跨国发展的窗口，通常是作为中资律师事务所对东道国进行正式投资前的一个前哨站。中国的律师事务所在运营过程中，随着与境外相关主体交流的增加，基于发展业务及顺利办理业务的需要，而在东道国先以自然人流动的形式进入考察，并寻找合适的办公地点，开设办公室。办公室存在的时间长短不定，办公面积不等，也可以随着业务开展的深入而发展为人员和设备较为完备的准律师事务所形式，也可能随着相关任务和使命的结束而撤销。

办公室这一律师事务所跨国扩展形式的存在，主要出于以下原因：第一，外国律师事务所在进入东道国时，由于对东道国相关政策了解有限，无法根据相关国家或地区的政策法规立刻设立正式的分支机构；第二，东道国的法律法规对外国律师事务所设立正式分支机构存在一定的限制，导致律师事务所短时间难以达到设立正式分支机构的条件；第三，外国律师事务所只是尝试性地在东道国发展业务，并开设临时的办公机构进行相关的前期测试，在对东道国市场环境和发展前景进行感知的基础上，再决定是否将其升级为或重新开设正式的分支机构。

（2）设立代表处。

代表处（representative office）是律师事务所跨国扩展的基本形式之一，其本质上属于律师事务所在境外设立的办事机构。代表处作为律师事务所在东道国的联络机构，一般不得从事营利性的商业活动。有的国家的法律则规定，外国律师事务所要想进入该国市场，必须先行成立代表处，并在维持代表处运营达到一定时间后，方可设立经营性分支机构。

（3）成立分所。

分所是律师事务所跨国扩展最常见的分支机构形式，是一种具备独立法人自治、能够独立开展经营性业务的分支机构（洪建政，2017）。不同国家和地区对于外国律师事务所开设分支机构的政策有所差异，如越南允许外国律师事务所直接设立分所；而匈牙利则规定，外国律师事务所首次进入该国不允许采取分所的形式。

中资律师事务所在“走出去”开设分所的过程中，不同律师事务所因为规模实力、业务特征、境外资源等的差别，在选择设立分所的形式，以及境外分所的人员构成等方面，也存在一定的差异（见表3－1）。并且在境外分所的组织形式上，也包含单独执业的律师事务所、个人独资律师事务所、合伙律师事务所、有限合伙律师事务所，以及律师有限责任公司（合股律师公司）等（龚楚，2015）。

表3－1　　中资律师事务所境外分所设立方式

设立方式	具体内容	人员构成
主动设立分所	中资律师事务所派遣拥有东道国律师资格的律师（即同时拥有中国和东道国（地区）律师执业资格的律师），以执行合伙人等名义赴东道国申请建立东道国（地区）的律师事务所。这种律师事务所在法律性质上属于东道国的律师事务所，但又属于中资律师事务所总所实际控制和管理下的境外分所	中国执业律师与境外执业律师混合
合并当地律师事务所	中资律师事务所将已在东道国存在的律师事务所通过签订并购协议、收购股权、提供出资等方式，将东道国的律师事务所纳入其全球分支机构网络中来，作为律师事务所在东道国的分所，分所在性质上仍是东道国的律师事务所，但在管理上受中资律师事务所的控制	
出资委任当地负责人设立分所	中资律师事务所将已在东道国律师事务所执业的律师或刚取得东道国律师执业资格、但尚未正式执业的律师，通过人才吸引的方式，委任其为执行合伙人并作为东道国分支机构的负责人，申请设立新的律师事务所，作为中资律师事务所在东道国的分支机构	
战略合作或联盟	中资律师事务所与已在东道国成立的律师事务所，在不收购、不出资、不改变东道国律师事务所原有模式的基础上，只签订战略合作协议，建立联营或联盟的关系，可互派或不互派执业律师的形式进行运营，从而取得东道国律师事务所的承认，作为其在东道国的分所	

续表

设立方式	具体内容	人员构成
派遣个人设立分所	中资律师事务所暂时并无对外发展的迫切需求，但并不拒绝设立境外分所的情况下，因所内特定律师有意愿前往境外发展，则与律师事务所之间达成协议，由律师事务所或律师个人出资，由该律师赴东道国设立中资律师事务所某国分所，并由其负责具体事务	中国执业律师与境外执业律师混合
授权或加盟	中资律师事务所通过字号授权、商标许可等形式，允许国外律师事务所冠以中资律师事务所的名称，接受一定的规范或限制条件，从而成为其分所。这种方式通常是对于一些规模较大、具有国际品牌影响力，并且对国外一些国家或地区，特别是发展中国家或地区的律师事务所拥有较大吸引力的律师事务所而言较为适用	
派遣员工跟随客户“走出去”设立分所	东道国为招商引资，在一定时期内鼓励中资律师事务所跟随中国企业进入，在当地设立商业存在，并提供各种便利，允许设立分所	中资律师事务所直接派遣国内执业律师
境内企业联合设立分所	两家或多家中资律师事务所在境外联合建立律师事务所	
国有法律服务机构设立的境外分支机构	中国的国有法律服务公司在中国香港、澳门等地区开设法律服务公司，其服务项目包括律师服务、公证服务等	

资料来源：龚楚．中国律师事务所跨国商业存在研究［M］．北京：法律出版社，2015.

作为一家业务范围覆盖全球的律师事务所，JD 全球 28 个办公室所形成的全球化网络，能够为客户提供优质的商业解决方案，并改变着传统的法律服务模式。过去近十年中，随着中国“走出去”投资的快速增长，金杜海外办公室也在追随中国客户走出去，并在衔接当地各方资源支持等方面发挥的作用不断加强。比如，我们在硅谷（2001 年）和纽约（2008 年）设立分所时，我们非常希望更好地与这两个市场上的客户进行衔接，希望与境外的客户在距离上更近，从而在法律服务关系上更加密切。对于具体设立办公室的考虑还涉及在当地设立律师事务所分支机构的条件和程序、在当地已经积累的客户资源和服务经验，以及自身优势领域及当地法律服务市场空间等。

——JD（广州）律师事务所①

（4）成立非律师执业机构类公司。

在国际上，一些国家（如波兰等）规定，外国服务提供者在该国组建公司应采取有限责任公司或合资公司形式，公司业务范围可包括提供法律咨询服务，这也使中资律师事务所有可能以非东道国执业律师的身份，在东道国建立分支机构。如2009年，中国的泰和泰香港服务有限公司正式成立，作为泰和泰律师事务所的香港办事处，提供法律服务。

（5）混业经营。

混业经营（multi-disciplinary practice，MDP），是一种多行业联合执业形式，法律服务作为广义上的服务的一种，不仅包括诉讼服务，还包括广泛的非诉讼服务，因此，与会计、管理咨询等其他专业服务业领域有着诸多的联系，这就使律师服务业的混业经营成为可能。混业经营包括由律师、会计师、专利代理人、审计人员、公证人员或其他专业人士联合对外提供法律服务或其他服务。如上海兰迪律师事务所于2019年6月26日吸纳新设的会计师事务所——印度兰迪会计师事务所并入兰迪体系的一体化管理运营，为其开拓全球财税服务奠定基础，也使其成为第一家合并海外会计师事务所的中资律师事务所。

① 资料来源：笔者于2019年12月~2020年5月，针对广州市的律师事务所、执业律师个人、政府相关部门以及律师行业协会开展了深度访谈和走访座谈。访谈对象包括：广州本土律师事务所、外地律师事务所在广州设立的分所及粤港澳联营律师事务所在内的25家律师事务所，以及广州市司法局和广州市中级人民法院等政府相关部门，下文不再赘述。

专栏1：上海兰迪律师事务所的混业经营与海外扩张

上海兰迪律师事务所前身为2009年成立的上海勤瑞律师事务所，2017年更名为上海明迪律师事务所，2018年更名为上海兰迪律师事务所。上海兰迪律师事务所于创设之初提出“为中资企业的海外投资提供商业、法律、财税一站式服务”的经营理念，3年来以实际行动践行该理念。以印度市场为例，通过联合当地的会计师事务所为中资企业提供财税记账与企业合规、税收筹划、税务咨询、转移定价等服务，并代理税务刑事案件及国际税收纠纷等业务。当前兰迪律师事务所已在海内外开设26家分所。

兰迪律师事务所创始人刘逸星律师表示，兰迪律师事务所进军财税服务领域，主要基于以下考虑：

第一，海外会计师事务所国际实践经验欠缺，且沟通存在障碍，难以为中资企业提供“满意且高效”的财税服务。

第二，海外会计师事务所“出卖”企业核心秘密的案例屡见不鲜，给中资企业造成难以弥补的损失，包含高管的入狱判刑。

第三，兰迪律师事务所3年来积累了丰富的财税服务经验，并拥有中国注册会计师及海外会计师联合组建的中外财税团队。

第四，兰迪律师事务所的中外财税团队为中资企业的海外投资提供“高效、无沟通障碍、性价比高”的财税服务。

第五，以“一带一路”为契机，创设属于中国品牌的会计师事务所，为中资企业的海外投资保驾护航。

资料来源：相关内容来源为根据上海兰迪律师事务所官方网站简介，以及中国日报中文网发表的文章《第一家中国律师事务所合并海外会计师事务所》（http：//caijing. chinadaily. com. cn/chanye/2019－07/01/content_37486748. htm）相关内容整合而得。

3. 律师服务联系网络研究

律师事务所广泛分布的分支机构之间的联系也表现出多样化的形式。律师事务所在设立异地或海外分支机构时，会从总部或本国分支机构外派一些人员，而一般的律师从业者都是在某个或者某几个领域比较精通，因此，在处理较为复杂的案例时，就需要多名律师来协同处理，而这些律师很可能位于多个分支机构，他们之间通过通话或者面对面交流，产生新的知识来共同为客户提供满意的服务，这也带来了各个分支机构之间的联系（Faulconbridge，2007）。比沃斯托克（2004）认为，由于全球范围内不同国家和地区法律体系的差异，全球性法律公司的这种以人员外派的形式进行的知识生产的模式也存在一定的差异，如欧美地区的法律公司在亚太地区分支机构知识的生产，以总部向这些机构输出指令的单向联系为主，而在欧美地区的分支机构，地方性知识生产也同样起着重要作用。

在以泰勒和德拉德（Taylor & Derudder，2015）为代表的全球化与世界城市研究网络（globalization and world city research network，GaWC）基于高级生产性服务企业的世界城市网络中，律师服务业作为高级生产性服务业的一部分，同银行、会计、广告、管理咨询和保险等行业一起，作为探究世界城市网络空间结构变化的重要指标。研究发现，世界城市律师服务全球联系的分布在以上 5 个行业中规模最小，空间集聚度也最高，主要表现为在伦敦、纽约、巴黎、相关、芝加哥、莫斯科、北京市和法兰克福等连通性最强的世界城市高度集中，并表现出与全球政治版图的高度契合性（彼得·泰勒，2018）。

邹小华等（2015）以我国规模排名前 50 名的大型律师事务所为例，对我国律师服务网络的空间特征进行了分析，发现在我国的主要城市之间已经形成了一定规模的律师服务网络，并且网络呈现显著的等级化特征，在长三角、珠三角以及京津冀等地区已经形成了一定规模的区域性律师服务网络。但该项研究只是基于少数样本的分析，我国当前拥有超过 3 万家律师事务所，其所构建的律师服务网络，也可能更为复杂。

第三节 律师事务所空间布局影响因素

一、经济要素

1. 经济发展水平吸引

律师业作为现代服务业，特别是商务服务业的重要组成部分，经济发展水平对其发展与空间区位选择存在重要影响。如英国、美国、德国等经济发达国家，经济发展水平高，并且拥有数量众多的跨国公司，这些都为律师服务业的发展提供了良好的经济基础和商业氛围，相应的律师服务业发展较早，发展水平也较高。在城市层面，纽约、伦敦、法兰克福等作为英国、美国、德国的重要城市，同时也是重要的全球金融中心，汇集了全球重要的金融机构、证券市场和跨国公司，因而也是全球知名的律师事务所的集聚地（Faulconbridge & Muzio，2015；Faulconbridge，2007a）。

从国内来看，我国地区之间经济发展不平衡，导致了我国律师业中东部与西部、南方与北方律师事务所在诸多方面存在巨大差异。2002 年，北京市、上海市、广东省、江苏省、山东省和浙江省等 6 省市律师业务收费收入就占据了全国律师业务总收费收入的 70% 多，其他省区市收费比例不到 30%，从而导致了沿海律师赶超欧美，而内陆地区律师学习沿海地区的状况（蒋琪，2004）。从律师行业发展特征来看，北京市、上海市和广东省等经济发达地区的城市，不仅律师事务所的数量上要远高于中小城市和经济欠发达地区的城市，业务方面，包括金融、证券、上市、企业法律咨询等高端非诉讼业务的占比也较高，服务的专业化和国际化水平也较为领先，律师事务所的跨区域交流也更为频繁；相比之下，经济欠发达地区的中小城市律师以本地人为主，亲缘优势、地缘特征非常突出，从律师的业务和提供的服务来看，大都以传统业务为主，而且是以传统的诉讼业务为主，律师的专业分工不明显，也缺乏专业分工的社会环境（邱旭瑜，2009）。

2. 跟随客户布局

一般来说，企业出于基础设施的便利性、企业税收优惠、工资成本、高端商务服务，以及同行业企业的集聚等要素考虑，会将企业总部搬迁到大都市地区（Strauss - Kahn & Vives，2009）。企业总部的空间布局和迁移，也在一定程度上带动了为其提供公司法律服务的律师事务所的空间布局变化。法律行业的早期全球扩张，主要是为其客户在海外的收购、私有化，以及所有权问题提供服务（Beaverstock，1999），并且信息科技和通信技术的进步，以及各国政府对国外法律机构进入管制的放松，也推动了大型法律公司的全球化扩张（Ascher，1993）。美国的法律公司对伦敦的直接投资，主要是为了跟随其本国客户，因此各公司之间以及与当地公司之间的竞争较少；同时，选取与伦敦当地公司建立战略同盟的扩张方式，也使其投资受当地政策管制影响较小（Cullen - Mandikos & Macpherson，2002）。

聘用企业法律顾问的决策权一般来自企业的最高层，因而在空间上越接近企业总部，律师事务所就越有可能争取到公司法律顾问的相关业务（Martinelli，1991）。此外，随着公司规模化的发展趋势，越来越多的大型企业开始设立公司内部的法务部门，并由其负责公司的重大发展战略制定，因而外包给律师事务所的业务越来越少，并且聘用律师个人而不是律师事务所来处理公司的法律事务，这也促使律师事务所通过拓展分支机构网络，来更多地争取公司法律业务（Heinz et al.，2001；Ronald & Robert，1985）。在此背景下，越来越多的律师事务所选择开设分支机构来拓展业务，这在美国体现得尤为明显（Baker & Parkin，2006）。

二、政治因素

律师服务业的业务性质注定了其不可避免地要与政治和司法机关打交道，因此，在空间上尽量布局于重要的政治中心城市，以及接近重要的政治机关和司法机构，以更快速地获取政策相关信息和更便捷地与司法机构进行沟通交流，就成为律师事务所空间选址的重要考虑因素。如布鲁塞尔作为欧盟总部所在地，在欧盟乃至全球，都是重要的政治中心所在地，也吸引了众多的国际知名律师事务所在此集聚，并且，外国律师事务所在布鲁塞尔城市内部的选址，也主要围绕欧盟相关机构来布局，以更加便利地与欧盟相关机构的人员进行交流，获取信息，以及开展游说活动（Van Criekingen，2006）。海牙作为国际法庭的所在地，在国际审判系统中发挥了重要功能，因此也吸引了一定的律师服务机构来此开展业务，而在荷兰城市中，作为经济中心的阿姆斯特丹仍然是跨国律师服务机构最为青睐的城市（van der Wusten，2006）。

在中国国内城市中，北京市作为国家的政治中心，不仅是国家法律和一系列政策制定的中心，也是政府各部门中央机构所在地，在法律和政策信息获取方面最为便捷。此外，政府机构对法律服务购买的需求也为大型律师事务所在政府法律业务方面提供了较具吸引力的市场，除北京外，各省会城市和直辖市作为地方政府机关和司法机构所在地，也能吸引大量律师事务所来此集聚（邹小华等，2015）。

三、社会因素

社会法治化发展水平，以及居民对律师服务的认可度，也是影响律师业务开展和律师事务所空间布局的重要因素之一。我国公民中有较大数量的人法律意识比较淡薄，法律意识、权益意识、民主意识、义务意识较为缺失，这一问题极大地阻碍了我国社会的法治化进程。这在很大程度上是由于我国长期以来的封建社会传统及风气所造成的。在我国古代，人们长期受到宗法治、集权制和自然经济这 3 个方面的影响，自由、平等观念的培养几乎没有。另外，人们主观上普遍对儒家思想中的重义轻利思想比较推崇，很多公民仍然以打官司为羞，即使他们的利益受损，也不愿用法律来维护自身利益。当代社会对公民的法律教育的重视不够，尤其是在我国当前社会主义市场经济的大环境下，我国公民的思想政治教育仍然没有得到发展，法律教育至今还是沿用较为传统的模式，这也是导致公民法律意识缺失的重要原因（冉井富，2007）。

20 世纪 80 年代以来，我国律师业虽历经了近 40 年的发展，但和国际律师行业的发展相比，时间还是较短，不仅行业外人士对律师业存有误读，就是行业内部对法律职业的定位及其核心价值等的理解也存在一些模糊认识，甚至还有一些错误的观念，大众对法律职业的神圣使命缺乏应有的认知和了解，对律师工作的认识还不够（邱旭瑜，2009）。这也导致一些公民在产生法律纠纷时，不懂得或者不愿去寻求律师的帮助，从而导致一些地区，特别是经济发展水平相对较低的地区的律师服务水平发展相对滞后（李江，1997）。

四、其他因素

除经济、政治和社会因素外，其他一些因素，如合理节税、律师事务所内部因素等，也对律师事务所空间布局与扩展策略产生一定的影响。律师事务所的运营不同于一般的公司运营机制，除少数内部严格采取公司制运转的律师事务所外，律师与律师事务所的关系实质就是“挂靠”，内部科层制不明显，管理扁平化，收入、成本、费用等难以统筹归集，也缺乏进行长期资源投入的动力（岳鸿，2004）。律师业是从体制内直接被甩入市场，长期以来遵循丛林法则，缺乏投入资源提升财务建章立制、税务管理水平的行业习惯。不区分权益合伙人律师、非权益合伙人律师两个群体面临的不同税务问题，将高收入者降低税负需求与行业税务政策调整需求捆绑混合在一起（潘明星等，2002）。不同城市或地区的律师行业在税收政策方面存在一定的差异，主要体现在税率、税收优惠，以及地方财政返还等方面（李华鹏，2016），这也驱使律师事务所通过向税收低地城市转移或拓展分支机构网络，来一定程度上节省税收成本（栾淼淼、陈历杰，2014）。

事务所的发展依靠的是整体实力，这种整体实力包括事务所规模大小、品牌效应、人力资源、管理层的管理能力和决策等诸多因素。律师事务所为寻求规模化优势，通常会选择开展异地分所、合并较小规模的律师事务所，以及加入相应的律师事务所联盟等，来扩展自身的业务规模和品牌影响力（王隽、王大维，2008）。此外，律师事务所管理人通过个人的社会资源来拓展公司业务合作关系，也是律师事务所空间扩展的一种途径。

律师服务业作为一个智力密集型行业，高层次的法律人才是其赖以发展的核心竞争力之一，因此，法律人才的持续供给，也是律师事务所发展和空间布局考虑的重要因素之一，如北京地区的中国政法大学、北京大学、中国人民大学等国内知名政法院校和法律系，每年输出大量优秀法律人才，成为支撑北京律师服务业发展的重要后备因素（邹小华等，2015）。因此，拥有能为律师事务所发展提供稳定人才输出的知名政法院校和知名法律系所在的高校，也是吸引律师事务所空间布局的重要因素（Henderson & Alderson，2016）。

第四节 律师服务业对城市发展的作用

一、营造城市法治化营商环境

法治环境作为营商环境建设的重要组成部分，有力的司法保障是营造稳定、公正、透明、可预期营商环境的重要一环（张倩，2017）。构建法治化营商环境的好坏是城市营商环境建设情况主要评价指标之一。律师通过提供诉讼和非诉讼的法律服务，能够有效解决经济活动和经济运行中出现的法律问题，并有效排除和化解企业发展过程中可能面临的法律风险，降低企业经营的法律成本（高志宏，2012）。

二、维护城市公平环境

律师服务业的发展能够增强城市营商环境的法治化水平，保障城市经济的稳定、健康发展。城市律师服务业水平的提升，是法治社会建设的重要组成部分，同时律师服务资源的增加，有助于提升城市法律资源的可获性与公平性，并推动城市社会公正性的提升，助力维护社会的和谐与稳定（张希梅，2015）。

三、为城市提供法律公益活动

律师群体不仅是市场化法律服务的提供者，更是社会主义法治工作队伍的重要组成部分，中国特色社会主义制度的一个鲜明特色就是律师参与公益法律服务（徐卉，2008）。律师通过担任村居法律顾问、提供法律援助等方式参与公益法律服务，不仅能更好地满足人民群众在民主、法治、公平、正义、安全、环境等方面日益增长的要求，也有利于培养律师社会责任感，提高律师政治素养和业务素质，有利于拓展律师服务领域，扩大律师社会影响，树立律师队伍良好社会形象（王曦，2007）。

四、推动城市产业结构转型升级

律师服务业作为现代服务业的重要组成部分，能够把大量的人力资本和知识资本引入商品和服务的生产过程中，从而为企业发展提供关键的中间服务（方卫华，2004；胡雯，2020；冉立文，2007）。与此同时，律师服务业作为一种高端商务服务行业之一，其本身就位于产业链和价值链的高端环节。因此，律师服务业的发展，能够直接推动城市产业结构的优化和转型升级。

五、强化中心城市现代服务业的集聚辐射功能

律师服务业在空间布局上具有高度的空间集聚性，往往集聚于经济或政治中心城市。因此，通过培育和吸引重要的律师服务机构在城市汇聚，有助于集聚律师服务人才和资源，打造法律服务中心城市。特别是通过大型律师事务所遍布全国甚至全球的分支机构网络，能够有效提升城市法律

服务影响的广度和深度，进一步强化中心城市功能。

第五节　本章小结

法律地理学研究的开展已有半个多世纪，研究既有来自法律研究学者对地理空间要素在法律的制定中影响的研究，也有地理学者对法律要素空间特征的关注，本书主要关注后者，即法律要素中的律师服务的空间变化特征研究。相关研究兴起于欧美等国，其中，美国、英国的研究最早，其律师服务业发展也在全球范围内占主导地位，以英国、美国的大型律师事务所为代表的全球化律师服务力量，在服务本国经济的同时，大力进行全球扩张，并且以国家、区域，以及全球经济、政治中心为核心节点，逐步拓展其区域和全球服务网络，其空间布局也同时呈现出向少数核心节点城市的集中。近年来，随着我国律师服务业的快速发展和规模实力的壮大，关于我国律师服务业空间特征的研究也开始出现，但总体上尚处于起步阶段，在我国全面推进依法治国和构建法治社会的要求下，对我国律师服务业空间特征研究的开展也就显得尤为必要。

将以律师事务所为主体的律师服务业作为市场化的法律服务提供者，经济效益的最大化是其追求的首要目标，因此，代表市场规模和市场潜力的经济要素是其空间布局过程中考虑的最重要因素。与此同时，律师服务作为法律服务的提供者，与司法、行政等政府要素也存在着千丝万缕的联系，其空间布局也不可避免地受政治相关因素的影响。此外，在我国法治化发展水平和完善度有所欠缺的背景下，城市和地区的公民法治化思想普及程度等社会要素，对于吸引律师服务的进入也存在一定影响。

律师服务作为一项重要的专业服务，是当代经济发展不可或缺的支撑力量，同时其本身作为知识密集型产业，处于价值链的高端，因此，对于助力城市的产业结构转型升级，以及强化城市的中心化职能、增强城市的集聚辐射作用等，都作出了重大的贡献。在法治化社会，律师服务作为社会法律服务的重要组成部分，在营造和提升城市的法治化影响环境、维护城市的公平环境，以及提升城市公共法律服务水平等方面，也发挥了重要作用。因此，有必要对其进行深入、系统的研究。

第四章

中资律师事务所全球扩展及其影响因素

随着中国对外开放的范围不断扩大、程度不断加深，中国对外交流也日益频繁，越来越多的中国内地国民选择到境外进行投资、经商、留学或旅游，数量众多的华侨和海外华人也通过各种方式与中国内地维持各种联系，其中就可能产生各种涉外法律业务（如法律文书、律师见证、投资置产、移民留学、涉外婚姻等非诉讼和诉讼类业务），中资律师事务所“走出去”在境外设立分支机构，就能更好地为这些群体提供相关服务。中国律师“走出去”，关系到国家重大利益的维护，是服务国家发展的重大任务，是我国律师行业的普遍需求，也是我国律师不可推卸的责任。

在此背景下，国内各界对中国律师服务“走出去”的关注度越来越高。2019 年 7 月，中华人民共和国司法部印发关于《律师事务所境外分支机构备案管理规定》的通知，2020 年 3 月，中华人民共和国司法部和中华人民共和国国家外汇管理局发布了《关于做好律师事务所在境外设立分支机构相关管理工作的通知》，以进一步规范和支持国内律师事务所进行全球布局。

本章借鉴当前世界城市网络研究的主流方法，选取中国全球扩展中的律师服务机构，考察中资律师事务所海外扩张及其连接下的中资律师服务机构全球联系网络空间结构的演变特征，对中国高级生产性服务业全球扩展，以及在此基础上对律师服务全球网络空间结构演变所进行的研究。此外，结合作者对国内律师事务所的访谈资料，对中资律师事务所全球扩展的影响因素进行分析。

研究根据当前国际律师事务所排名权威机构钱伯斯（Chambers and Partners）2015 年公布的数据，获取 142 家在各专项排名中靠前的中资律师事务所名单，经过筛选，得到拥有境外分支机构的律师事务所 47 家。通过访问这些律师事务所的网站和各省、市司法厅网站，获取其在全国和全球范围内分支机构的空间分布、成立时间、规模和职能等信息，由此建立 1993 ~2015 年中资律师事务所在中国境内外分支机构分布和演变的数据库。考察这些律师事务所总部和分支机构的空间分布，共筛选出 190 个有服务值的城市，其中，中国境内城市 64 个，境外城市 126 个，依此建立 190 ×47 的数据矩阵。在此基础上，通过网络分析方法，对中资律师事务所全球联系网络的空间特征演变进行分析。

第一节　中资律师事务所全球空间布局演变

一、起步晚、发展快、阶段性明显

中资律师事务所的全球扩展始于 1993 年。从境外分支机构数量变化来看（见图 4 –1），20 世纪 90 年代发展较缓，只有个别律师事务所在境外设立了少数几家分支机构。虽然 2001 年中国加入世贸组织以后，中资律师事务所境外分支机构的数量有所增长，但仍处于低水平发展阶段。2007 年后，新设分支机构数量增长速度开始加快，2007 年新设分支机构较2006年增长了两倍多。虽然，其后3年有所回落，但2011年以后，增速尤为明显，2011～2015年新增分支机构是前两个阶段总和的3.5倍。总体来看，中资律师事务所的境外扩展主要经历了1993～2006年的起步阶段、2007～2010年的初步发展阶段，以及2007～2015年的快速发展3个阶段。

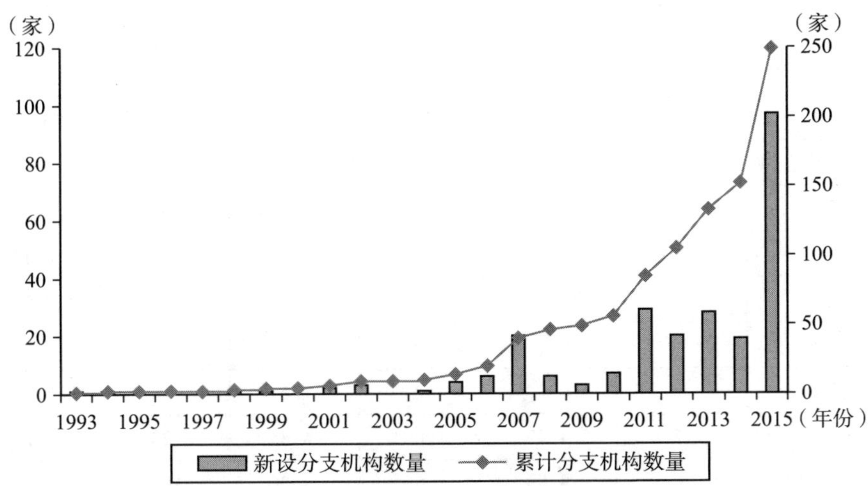

图4－1 1993～2015年中资律师事务所境外新设及累计分支机构数量变化情况

资料来源：根据相关律师事务所分支机构资料整理绘制。

二、欧美和亚太地区基础上的全球扩展

从城市服务值的空间分布变化来看，中资律师事务所全球扩展的早期主要集中于西欧、北美和亚太3个区域（见表4－1）。2006年，这三大区域服务值占总体比重超过90%。随着中资律师事务所的全球扩展，2015年三大区域服务值的比重下降到67.8%，其中，亚太和北美地区的比重总体呈下降趋势，而西欧地区的比重增长迅速，成为中资律师事务所在境外最为集中的区域。同时，通过与国外知名律师事务所的合并，中资律师

事务所快速覆盖了非洲、中亚、中东、东欧、南美，甚至是高加索地区。特别是在“一带一路”沿线城市和非洲城市的分布增长明显，2015 年二者的比重分别达到 18.99% 和 7.6%，分别较 2006 年增长了 10.1% 和 7.6%。

表 4 – 1　　2006 年、2010 年、2015 年中资律师事务所在全球主要区域服务值变化

全球区域	2006 年		2010 年		2015 年	
	服务值	占比（%）	服务值	占比（%）	服务值	占比（%）
亚太	22	48.89	45	36	112	20.25
亚洲其他	2	4.44	2	1.6	52	9.4
西欧	6	13.33	24	19.2	137	24.77
东欧	0	0	0	0	45	8.14
北美	13	28.89	46	36.8	126	22.78
非洲	0	0	0	0	42	7.6
拉美	0	0	2	1.6	10	1.81
大洋洲	2	4.45	6	4.8	29	5.25
“一带一路”	4	8.89	6	4.8	105	18.99

资料来源：根据相关律师事务所分支机构整理数据计算而得。

三、核心城市基础上的多元化空间策略

在全球区位选择上，中资律师事务所高度集中于少数核心城市。服务值前 10 位的世界城市占所有城市服务值的比重在 2006 年超过了 95%，虽然 2010 年和 2015 年分别下降到 69.6% 和 37.97%，但仍表现出较高的集中性（见表 4 – 2）。与此同时，全球重要城市服务值占总体的比重都呈明显下降趋势，体现了中资律师事务所的进一步全球扩展。

表 4-2　2006 年、2010 年、2015 年主要境外城市服务值分布变化

排名	2006 年			2010 年			2015 年		
	城市	服务值	占比（%）	城市	服务值	占比（%）	城市	服务值	占比（%）
1	中国香港	14	31.11	中国香港	30	24.00	中国香港	63	11.39
2	纽约	9	20	纽约	19	15.20	纽约	31	5.61
3	东京	6	13.33	东京	6	4.80	伦敦	20	3.62
4	海牙	2	4.44	巴黎	6	4.80	巴黎	16	2.89
5	巴黎	2	4.44	圣何塞	6	4.80	东京	15	2.71
6	迪拜	2	4.44	华盛顿	5	4.00	悉尼	15	2.71
7	圣何塞	2	4.44	悉尼	4	3.20	迪拜	15	2.71
8	悉尼	2	4.44	新加坡	4	3.20	首尔	13	2.35
9	柏林	2	4.44	芝加哥	4	3.20	新加坡	11	1.99
10	新加坡	2	4.44	首尔	3	2.40	布鲁塞尔	11	1.99
总计		43	95.52		87	69.60		210	37.97

资料来源：根据相关律师事务所分支机构整理数据计算而得。

境外区位选择上，全球金融中心城市，如香港、纽约、伦敦、巴黎、东京等城市是中资律师事务所的首要选择。但中资律师事务所的境外布局不只考虑经济或金融发达的全球性金融中心城市，一些在世界城市体系中排名相对较低的城市，如美国的硅谷所在的圣何塞，虽然规模较小，但作为全球最负盛名的科技创新和研发中心，吸引了大量中国企业来此并购或者设立研发机构，由此产生的大量境外并购、专利申请，以及经济纠纷等业务，也使之成为中资律师事务所重要的境外布局地之一。而南非的约翰内斯堡、巴西的圣保罗和乌拉圭的蒙得维的亚，作为中国境外投资集聚区域和国家的中心城市，也吸引了一批中资律师事务所在此设立分支机构。此外，政治型的城市，如美国的华盛顿、比利时的布鲁塞尔，以及国际法庭所在的城市海牙等，也是中资律师事务所境外区位的重要考虑对象。

第二节 中资律师事务所的全球网络空间结构演变

一、网络的全球性程度增长明显

从中资律师事务所全球网络中各城市间联系的空间特征变化来看，网络的全球化程度明显增强。2006～2010 年，中国境内城市之间的联系增长迅速，2010 年，其联系值占总体比重达到 64.47，显示了较强的本土性特征。2010 年中国境外城市之间联系值占总联系值的比重仅为 9.07%，到 2015 年，这一比重达到了 29.99%，超过了中国境内城市间联系；中国境内城市与境外城市之间的联系值所占比重也由 2006 年的 41.30% 增长到 2015 年的 44.32%；境外城市的总体连接度 2015 年达到 74.32%，也超过了境内城市的连接度（见表 4－3）。中资律师事务所连接下的城市网络的全球性特征明显增强。

表 4－3 2006 年、2010 年、2015 年中资律师事务所境内外联系变化

项目	2006 年		2010 年		2015 年	
	联系度	占总联系度比重（%）	联系度	占总联系度比重（%）	联系度	占总联系度比重（%）
境内城市之间联系	866	54.78	5996	64.47	19026	25.68
境内城市与境外城市之间联系	653	41.30	2461	26.46	32834	44.32
境外城市之间联系	62	3.92	844	9.07	22220	29.99
总计	1581	100	9301	100	74080	99.99

资料来源：根据相关律师事务所分支机构整理数据计算而得。

从中国境内城市的连接度和全球化水平变化来看，2006～2015年，中国境内主要城市的全球化水平都得到了显著提高（见表4－4）。10年间北京市和上海市的连接度都增长了5倍有余。连接度排名前10位的城市的全球化水平都由2006年的20%左右，增长到了2015年的40%以上。中国境内城市网络联系的全球化水平的平均值也由2006年的15.78%增长到2015年的45.41%，在体现中国城市全球化水平增长的同时，也反映了中资律师事务所连接下的城市网络的全球化水平的提升。

表4－4　2006年和2015年中国境内城市网络连接度及其全球化水平变化

排名	2006年			2015年		
	城市	连接度	全球化水平	城市	连接度	全球化水平
1	北京	885	0.1943	北京	5459	0.4238
2	上海	726	0.2011	上海	4459	0.4359
3	深圳	617	0.1750	深圳	3559	0.4273
4	广州	466	0.1866	广州	2663	0.4558
5	成都	452	0.1570	成都	2642	0.4333
6	昆明	268	0.1455	济南	2438	0.4397
7	杭州	264	0.1628	青岛	2295	0.4784
8	武汉	260	0.1346	天津	2294	0.4141
9	长沙	252	0.1428	杭州	2199	0.4251
10	苏州	242	0.1735	南京	2163	0.4114

资料来源：笔者根据相关律师事务所分支机构整理数据计算而得。

二、核心联系基础上的全球扩展

早期的城市联系主要分布于中国境内和境外少数核心城市，包括北京、上海、广州和深圳4个城市与中国香港、纽约等城市之间。随着中资律师事务所的进一步全球扩展，这些核心城市之间的联系增长也最为迅速，并且，伦敦和迪拜也加入全球核心联系中（见表4－5）。2006年前10位城市对的联系值占网络总连接度的比重为8.04%。虽然这一比重在2015年减少到1.58%，但其联系值仍在很大程度上领先数量众多的低联系值城市对。北京、上海和香港、纽约分别是联系最为紧密的城市。2015年这4个城市全球联系值占网络总连接度的比重达到10.19%（见表4－6），显示这4个城市在世界城市网络中的高度中心性。

表4－5　2006年、2010年、2015年中国各阶段联系度前10位的城市对变化

排名	2006年		2010年		2015年	
	城市对	联系值	城市对	联系值	城市对	联系值
1	北京—香港	58	北京—香港	132	北京—香港	254
2	上海—香港	46	上海—香港	94	上海—香港	200
3	北京—纽约	36	北京—纽约	76	北京—纽约	122
4	广州—香港	30	上海—纽约	69	深圳—香港	117
5	北京—东京	30	广州—纽约	59	上海—纽约	106
6	深圳—纽约	28	深圳—纽约	58	广州—香港	94
7	深圳—香港	28	成都—香港	53	深圳—纽约	86
8	上海—纽约	26	深圳—香港	51	北京—伦敦	86
9	成都—香港	20	广州—纽约	37	广州—纽约	77
10	广州—纽约	19	香港—纽约	34	北京—迪拜	73

资料来源：根据相关律师事务所分支机构整理数据计算而得。

表 4-6　2006 年、2010 年、2015 年中国境内外主要城市连接度排名及占比变化

排名	2006 年				2010 年				2015 年			
	境内城市	RGC	境外城市	RGC	境内城市	RGC	境外城市	RGC	境内城市	RGC	境外城市	RGC
1	北京	0.1108	纽约	0.0363	北京	0.1091	香港	0.0338	北京	0.0406	香港	0.0188
2	上海	0.0909	香港	0.0360	上海	0.0965	纽约	0.0318	上海	0.0338	纽约	0.0178
3	深圳	0.0772	东京	0.0162	深圳	0.0580	新加坡	0.0081	深圳	0.0252	迪拜	0.0137
4	广州	0.0583	海牙	0.0162	广州	0.0455	圣何塞	0.0077	广州	0.0192	伦敦	0.0136
5	成都	0.0566	巴黎	0.0162	天津	0.0376	巴黎	0.0072	成都	0.0182	马德里	0.0095
6	昆明	0.0335	迪拜	0.0162	成都	0.0344	台北	0.0072	济南	0.0164	布鲁塞尔	0.0088
7	杭州	0.0330	圣何塞	0.0090	杭州	0.0344	芝加哥	0.0059	天津	0.0160	巴黎	0.0086
8	武汉	0.0325	西雅图	0.0047	青岛	0.0303	东京	0.0051	青岛	0.0157	莫斯科	0.0082
9	长沙	0.0315	悉尼	0.0027	南京	0.0283	华盛顿	0.0044	杭州	0.0157	多伦多	0.0080
10	苏州	0.0303	柏林	0.0022	厦门	0.0259	海牙	0.0035	南京	0.0148	米兰	0.0079
小计		0.5552		0.1563		0.5003		0.1152		0.2160		0.1153
…	…	…		…	…	…	…	…	…	…	…	…
末位	无锡	0.0027	新加坡	0.001	乌鲁木齐	0.0005	柏林	0.0005	金华	0.0001	朗根	0.00003
总计	29	0.8426	11	0.1574	48	0.8360	29	0.1640	64	0.4983	126	0.5017

资料来源：根据相关律师事务所分支机构整理数据计算而得。

在核心联系之外，中资律师事务所的全球布局也增强了全球范围内城市之间的联系。2006 年，有效的全球城市联系对只有 155 对，2015 年这一数字增加到 8746 对，但两两城市联系的平均值却由 2006 年的 7.69 下降到 2015 年的 6.3。2015 年的城市对中有 6793 对是联系值小于平均值的弱联系城市对，占比为 77.67%，较 2006 年上升了近 10 个百分点。这主要是由于大成、金杜等国内大型律师事务所与国际律师事务所的合并，使得中资律师事务所的全球网络得到迅速扩展，但新纳入网络的城市连接度普遍较低。而在中资律师事务所自主选择的境外城市中，以亚太、西欧和北美地区为主的全球金融中心和政治中心城市，仍然占据重要地位（见表 4 –7）。比如除核心城市之间的联系值增长较快外，伦敦、迪拜、马德里、莫斯科等“后起”城市的连接度增长迅速，并陆续加入全球“核心”联系中。由此可见，中资律师事务所的全球网络同时呈现向少数重要世界城市集中，以及向全球范围扩展的趋势。

表 4 –7　　2015 年全球主要区域内部及之间的联系强度值

全球区域	中国*	亚太	西欧	北美	亚洲其他	东欧	澳洲	拉美	非洲
中国*	21561	3775	6809	8099	4242	4603	615	801	1106
亚太	3775	159	745	670	336	424	115	91	296
西欧	6809	745	1149	2024	1080	1051	338	170	971
北美	8099	670	2024	1819	1768	1520	76	50	2222
亚洲其他	4242	336	1080	1768	410	817	89	43	1121
东欧	4603	424	1051	1520	817	390	37	120	922
澳洲	615	115	338	76	89	37	83	1	37
拉美	801	91	170	50	43	120	1	16	1
非洲	4367	296	971	2222	1121	922	37	1	684
总计	54872	6611	14337	18248	9906	9884	1391	1293	7360

注：* 指不含中国港澳台地区。
资料来源：根据相关律师事务所分支机构整理数据计算而得。

三、以欧美为重点的多区域共同发展

从2015年全球主要区域的网络联系来看，中国（不含港澳台地区）与全部城市联系占总联系值的比重超过70%，其中，中国（不含港澳台地区）联系占28.9%，较大程度上领先其他区域。北美和西欧地区的总联系值和区域内联系值分别占23.78%、18.69%和2.37%、1.5%，较大程度上领先全球其他区域。亚洲其他区域、东欧和非洲的总联系比重也分别达到12.92%、12.88%和9.6%。从跨区域联系来看，中国（不含港澳台地区）与北美和西欧之间的联系最为紧密，与东欧、非洲、亚洲其他区域及亚太地区之间联系次之，与澳洲之间的联系最弱。境外各区域之间的联系中，北美与非洲之间的联系最强，为总联系值的2.9%，与西欧之间的联系次之，最后为与亚洲其他区域之间的联系及与东欧之间的联系。西欧与以上区域也保持着较为密切的联系。

第三节　中资律师事务所境外布局的影响因素

一、变量选取与模型构建

当前，中国的律师行业发展并不成熟，境外业务的开展也尚处于起步阶段，因此可以初步判断其全球扩张的主要动力是为中国经济的快速发展，以及国际经济力量进入中国提供服务，但也不排除来自东道城市本地市场的吸引作用。同时，由于法律行业的特殊性质，中国律师事务所在进

入东道国地区时，也一定程度上受境外准入政策等政治因素的影响。因此，本书主要从与中国的经济联系、东道城市的经济发展水平，以及东道城市政治因素 3 个方面来解释影响中资律师事务所境外布局的因素。

作为中资律师事务所当前境外服务的主要对象，中资企业的境外投资和对外贸易是最有可能影响中资律师事务所境外布局的要素。本书选取东道城市所在国家或地区与中国内地的双边贸易额（取对数，ln*BTRADE*），以及中资企业在东道城市所在国家的投资额（取对数，ln*DINVEST*），来衡量中国经济“走出去”对中资律师事务所境外布局的影响。

东道国地区的人均 GDP 水平（取对数，ln*PGDP*）是判断其经济发展水平的重要指标，东道城市经济发展水平越高，对法律服务的潜在需求可能性也越大。中资律师事务所境外机构所在城市是否为全球性金融中心（*GFC*），也是判断其金融发展水平和对法律服务潜在需求的变量之一，对于这一虚拟变量，判定所在城市为全球性金融中心则将其赋值为 1，否则赋值为 0。此外，律师事务所在全球扩张过程中，一般会选择靠近政治中心，以获取和东道国家和城市司法相关的最新信息，因此，引入中资律师事务所海外机构所在城市是否为所在国家首都（*CAP*）这一虚拟变量，是首都赋值为 1，否则为 0。

在此基础上，建立中资律师事务所境外机构所在城市服务值（取对数，ln*GSV*）与上述变量之间的回归模型：

$$\ln GSV = \alpha_0 + \alpha_1 \ln BTRADE + \alpha_2 \ln DINVEST + \alpha_3 \ln PGDP + \alpha_4 GFC + \alpha_5 CAP + \varepsilon \quad (4-1)$$

其中，α_0 为常数项，α_1，α_2，…，α_5 为各变量的回归系数，ε 为随机干扰项。

首先，采用强行导入法将所有 5 个变量导入模型，并对模型的拟合优度和多重共线性进行检验。分析结果显示，各变量之间的相关性较小，各变量的容忍度（Tolerance）和方差膨胀因子（VIF）都比较接近 1，条件指数（Condition Index）也都小于10，说明模型基本不存在多重共线性问题。从模型的拟合优度来看，F统计量对应的p值为0.000，小于0.05的标准，但调整的R^2只有0.135（见表4－8），说明模型整体的显著性不太强。因此，改用向后筛选法，调整后的模型回归结果较之前一方法有所改善，但拟合优度仍然只有0.250，原因可能是样本数量太少，或者所选变量的解释度不够。但F统计量对应的p值为0.000，小于0.05的标准，并且容忍度和VIF值都比较接近1，条件指数都小于10，各变量间的相关性也不明显，因此，可以判断模型并不存在多重共线性问题。

表4－8　基于中资律师事务所全球扩张的城市网络影响因素回归结果

变量	模型1	模型2	模型3
ln*BTRADE*	0.374 **	0.312 **	0.194 *
GFC	0.370 ***	0.378 ***	0.317 ***
CAP	0.163	0.176	0.115 *
ln*PGDP*	－0.176	－0.190	
ln*DINVEST*	－0.108		
CONSTANT	0.150	0.150	0.330
Adjusted R^2	0.135	0.137	0.128
F	4.899	5.965	7.114

注：样本数量为126个；***、**、*分别表示在1%、5%、10%水平上显著。
资料来源：笔者根据公式整理所得。

二、回归结果

从向后筛选法得到的4个模型中各变量的影响因子与显著性来看，所有5个变量的回归系数都为正，说明所选变量对中资律师事务所境外区位的选择都存在一定的正向影响。其中，双边贸易额ln*BTRADE*和全球性金融中心*GFC*两个变量在所有模型中都呈现一定的显著性，并且随着变量的减少和模型的优化，其显著性更加明显。由此可以判断，当前中资律师事务所全球扩张的主要动力是为中外之间的国际贸易提供法律咨询与服务，这主要是因为国际贸易的过程中，会出现如反倾销、国际法律、海关等一系列国际性的法律纠纷，这时候就需要律师事务所来维护企业的合法权益，而中资律师事务所自然也成为中资企业在国际贸易争端中权益维护的首选捍卫者，这在主要中资律师事务所的业务类型中便可以看出来（见表4－9）。

表4－9　　国内三大律师事务所的主要业务构成

主要业务	大成律师事务所	盈科律师事务所	金杜律师事务所
主要业务类型	• 国际贸易 • 境外投资 • 公司收购、兼并与重组 • 反垄断与国家安全审查 • 银行与金融 • 证券与资本市场 • 私募股权与投资基金 • 国企改制与产权交易 • 外商直接投资与外资并购 • 税务 • 国际贸易救济与 WTO 业务 • 海上海事 • 知识产权 • 房地产与建设工程 • 矿业、能源与自然资源 • 争议解决 • 刑事辩护 • 劳动法 • 公益法律服务 • 公司综合类业务	• 国际与区域法律事务：反垄断与反不正当竞争、国际投资与贸易、日本法律事务、涉外商事争议解决、韩国法律事务、海事海商法律事务 • 公司法律事务：招投标与政府采购、并购与重组、文化创意产业、特许经营、企/事业法律顾问、公司控制权、矿产资源、环境保护、医药卫生及健康产业法律事务、企业法律风险管理、财税法律事务、自由贸易区 • 知识产权 • 金融法律事务 • 资本市场法律事务 • 房地产与建筑工程法律事务 • 政府法律事务、民事法律事务 • 诉讼仲裁法律事务	• 竞争、贸易与监管 • 争议解决与诉讼 • 银行与融资 • 知识产权 • 工程、能源与资源 • 公司、私募股权、并购与商业事务 • 房地产 • 证券 • 税务

资料来源：①大成 DENTONS 律师事务所官网．业务领域及行业部门［EB/OL］．［2021－4－15］. https：//www. dentons. com/zh/find－your－dentons－team/view－all－practices－and－sectors.

②盈科律师事务所官网．专业领域［EB/OL］．［2021－4－15］. http：//www. yingkelawyer. com/zyly/list. html.

③金杜律师事务所官网．专业领域［EB/OL］．［2021－4－15］. https：//www. kwm. com/zh/cn/legal－services/sectors.

全球性金融中心这一变量在 0.05 的水平上也比较显著，说明中资律师事务所境外布局一般选择集聚在全球重要的金融中心城市，很大一部分原因是这部分城市集聚了其最主要的目标客户，并且集聚于全球性的金融中心，更容易获取商业方面的信息，以及产生集聚效应，即通过与在此集聚的全球性大型律师事务所的交流，积累国际经营经验，为进一步全球扩张奠定基础。

对外直接投资这一变量也表现出了一定的显著性，但并不明显，这与假设中境外投资的中资企业是中资律师事务所境外经营的主要服务对象，以及将对外投资与并购作为开展全球业务的中资律师事务所的重要经营业务的现实并不相符，关于对外直接投资对中资律师事务所境外布局的影响，还有待进一步考证。

第四节　本章小结

中资律师事务所的全球化虽然起步较晚，但经过十余年的发展，以及近 5 年来的全球扩展加速，境外布局已初具规模。对中资律师事务所境外扩展及其影响下的世界城市网络的空间结构特征演变研究发现：中资律师事务所的全球扩展具有明显的阶段性和区域性特征，在亚太、西欧和北美 3 个全球主要区域布局的基础上，形成了遍布全球的分支机构网络，其全球布局不只是集中于重要的金融中心城市，同时在全球重要的创新型城市、政治型城市，以及中国对外投资较为集聚的地区或国家的中心城市也有重要分布。中资律师事务所连接下的世界城市网络在空间上不断扩展的同时，全球性特征也日益明显，在以核心城市为主的骨干联系基础上，网络联系在空间上不断扩展，但在此过程中所表现出来的距离衰减特征并不明显。北美、西欧、非洲、西亚和东欧等区域都表现出较强的全球联系，而中国所在的亚太地区的全球联系则相对较弱。

虽然相比西方发达国家，中国的法律咨询行业发展起步较晚，规模也相对较小，但中国经济的快速全球扩展，对中国法律咨询行业走向全球提出了需求，也带动了中资律师事务所的快速全球扩展。这不仅将中国的一些重要城市更加紧密地联系到世界城市网络中，也增强了全球范围内城市之间的联系。其中，不仅包括纽约、香港、伦敦等全球性金融中心，还包括柏林、布鲁塞尔、海牙等全球重要的政治中心，以及圣何塞、西雅图等全球创新中心，而后两者是在金融等行业的世界城市网络中较少涉及的，这也在一定程度上体现了不同行业影响下，世界城市网络空间结构的差异。

中资律师事务所当前全球扩展，主要是服务中国对外贸易在境外的联系。在城市选择上，全球性金融中心是其考虑的重要区位，这也与中资律师事务所全球扩展尚处于初级阶段有关。目前，中资律师事务所对外扩展主要以进入全球重要节点城市，获取全球市场的动态信息为主，业务扩张的意图尚不是很明显。因此，中国对外投资在境外的分布当前对于中资律师事务所空间布局的吸引力不是很明显。但随着“一带一路”倡议影响范围加大和深度加深，中资企业更多地“走出去”，中资律师事务所对外扩展的跟随性特征也将更加明显。

第五章

外国及中国港澳台地区投资律师事务所在中国的区位选择

第一节 外国及中国港澳台地区投资律师事务所在中国的发展

一、外国及中国港澳台地区投资律师事务所在中国的发展历程

改革开放后，就已有中国港澳地区和外国律师跟随外商投资来中国发展，但由于当时中国政府不允许境外律师事务所在中国境内开设办公机构，因此，这一时期境外律师事务所并未开始在中国境内大规模扩张。1992 年，司法部和国家工商行政管理局还联合颁布了《关于外国律师事务所在中国境内设立办事处的暂行规定》，允许外国律师事务所在经中国司法部审批和登记的基础上，在中国境内的城市设立办事处，并且每五年

审批一次①。外国律师事务所自此开始进入中国市场。这一时期，中国的律师服务业处于起步阶段，在实力上无法与外国及中国港澳台地区投资律师事务所抗衡。因此，中国境内涉及外商投资企业在华投资和并购，中资企业对外投资、并购、境外上市，以及中国对外贸易等领域涉及的法律服务，基本上被外国及中国港澳台地区投资律师事务所垄断，同时外国及中国港澳台地区投资律师事务所也开始大规模进入中国。

2001 年，中国加入世界贸易组织，并承诺逐步开放国内市场。2001 年，国务院颁布《外国律师事务所驻华代表机构管理条例》，进一步为外国律师事务所在中国境内的合法经营提供了法律依据，并且，逐步取消了外国律师事务所在华设立代表处的数量限制、地域限制和一家律师事务所只能在中国设立一个代表处的限制等（剑平，2011），外国及中国港澳台地区投资律师事务所进入中国的步伐进一步加快。但这一版条例对于外国及中国港澳台地区投资律师事务所在中国境内执业进行了限制，规定“外国律师事务所代表机构及其代表，只能从事不包括中国法律事务的活动”，即可从事的法律事务包括：“（1）向当事人提供该外国律师事务所律师已获准从事律师执业业务的国家法律的咨询，以及有关国际条约、国际惯例的咨询；（2）接受当事人或者中国律师事务所的委托，办理在该外国律师事务所律师已获准从事律师执业业务的国家的法律事务；（3）代表外国当事人，委托中国律师事务所办理中国法律事务；（4）通过订立合同与中国律师事务所保持长期的委托关系办理法律事务；（5）提供有关中国法律环境影响的信息”②。这在一定程度上限制了外国律师事务所在中

① 资料来源：司法部、国家工商行政管理局关于外国律师事务所在中国境内设立办事处的暂行规定。来自商务部公共商务信息服务网站，http：//www. fdi. gov. cn/1800000121_23_69599_0_7. html，2016－3－7.

② 中华人民共和国司法部. 外国律师事务所驻华代表机构管理条例［EB/OL］.（2001－12－22）［2020－3－10］. http：//www. moj. gov. cn/government_public/content/2018－10/19/fggz_41193. html.

国的发展。尽管如此，外国及中国港澳台地区投资律师事务所仍大量涌入中国，并在中国加入世界贸易组织后的几年内进入高潮期。

近年来，随着中国境内律师服务业规模的发展壮大，大型律师事务所和精品所开始迅速崛起，在国内以及全球的竞争力不断提升。一方面，在业务方面开始挤压外国及中国港澳台地区投资律师事务所，对其在中国的市场形成强大的竞争；另一方面，中资律师事务所的吸引力不断增强，吸引了大量原来在外国及中国港澳台地区投资律师事务所工作的高层次、国际化法律服务人才的加入，在人才竞争方面也对外国及中国港澳台地区投资律师事务所在中国境内的发展带来更大的压力。此外，2017 年后，中央政府发布了《关于进一步引导和规范境外投资方向的指导意见》，强调为降低中资企业境外投资的风险，在投资的地域空间、投资领域、投资方式等方面，加强了对外投资的监管[①]。与此同时，一些西方国家对于中国对外投资的审核也有所加强。这些新的变化对于外国及中国港澳台地区投资律师事务所在中国境内的业务量带来一定负面影响。

二、外国及中国港澳台地区投资律师事务所在中国的发展趋势

从 1992 年以来，外国及中国港澳台地区投资律师事务所在中国境内代表处数量的变化情况来看（见图 5－1），1992～2019 年，外国及中国港澳台地区投资律师事务所在中国境内的发展总体经历了刚进入的低速发展期、中国入世后的快速发展期，以及当前的稳定期。

① 国务院办公厅．国务院办公厅转发国家发展改革委商务部人民银行外交部关于进一步引导和规范境外投资方向指导意见的通知．http：//www.gov.cn/zhengce/content/2017－08/18/content_5218665.htm.2017－8－18.

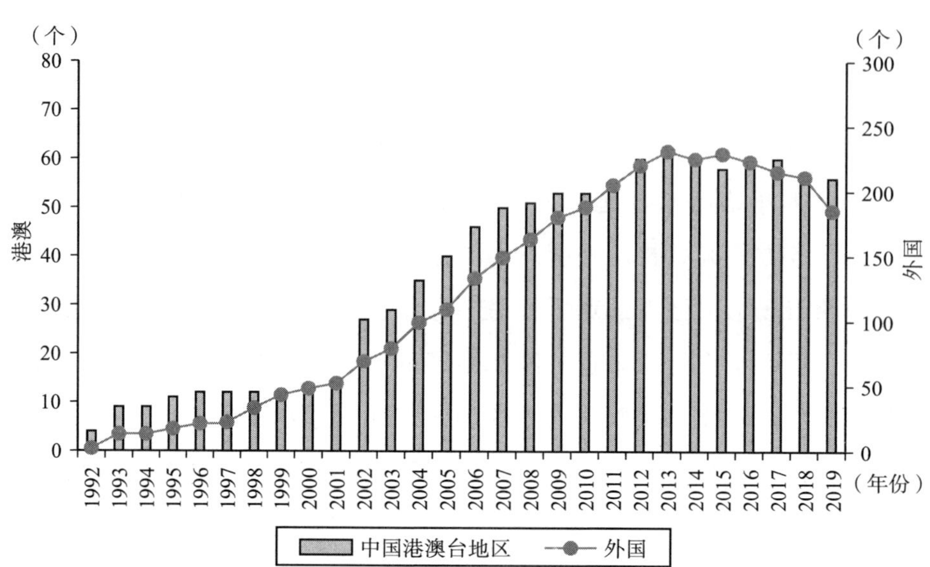

图 5－1　1992～2019 年中国港澳台地区与外国律师事务所在中国境内代表处数量变化

资料来源：根据中华人民共和国司法部公布的 1992～2019 年数据整理。

1. 低速发展期

1992 年，外国及中国港澳台地区投资律师事务所进入中国市场经历了一定的发展。其中，港澳律师事务所的发展比较平稳，除在进入的前两年发展较快外，1994～2001 年间的数量变化不大，代表处数量基本上保持在 10～12 个。相比之下，外国律师事务所在进入的时间表上，要稍滞后于港澳律师事务所，但在数量上仍保持上升的势头，在总体保持与港澳律师事务所较为均衡的状态。总体来看，1992～2001 年，外国及中国港澳台地区投资律师事务所在中国境内扩张处于一个较为缓慢、平稳的状态。

2. 快速发展期

2001 年，中国加入世界贸易组织，带来了外国及中国港澳台地区投资律师事务所在中国的快速发展。2002 年作为中国“入世”的第二年，包括中国港澳资律师事务所和外国律师事务所在内的外国及中国港澳台地区投资律师事务所，在中国境内的代表处数量呈现飞速增长，并且在

2002～2006 年都保持了高速增长的态势。2007 年后，增长速度有所放缓，并且在 2010 年后基本保持一个较为稳定的状态。

3. 稳定调整期

2010 年后，中国港澳台地区律师事务所和外国律师事务所进入中国境内的数量总体保持一个较为稳定的状态。在此基础上，代表处数量有所起伏，甚至是下降。这一时期，一方面，新的外国及中国港澳台地区投资律师服务机构仍在进入；另一方面，原有的在中国境内设立代表处的外国及中国港澳台地区投资律师事务所，也开始大批裁撤其在中国境内的代表处，退出或暂时离开中国市场，这也造成了近几年来外国及中国港澳台地区投资律师事务所在中国境内分支机构数量的下滑，并促使其在中国境内的发展也进入一个相对稳定的调整期。由此可以看出，外国及中国港澳台地区投资律师事务所在中国的扩张呈现出明显的阶段性特征。

第二节 外国及中国港澳台地区投资律师事务所在中国境内空间布局演变

根据司法部公告中涉及的 2014～2019 年中国港澳律师事务所驻内地代表机构和外国律师事务所驻华代表机构年度检查报告，整理各外国及中国港澳台地区投资律师事务所在中国境内代表机构成立的时间、地点等信息，并通过各律师事务所的官方网站，查找其总部所在城市，作为本书分析的基础数据。

外国及中国港澳台地区投资律师事务所进入中国境内的早期，主要分布在少数几个经济发达城市，其中，在北京市和上海市最为集中。1992～2001 年，北京市的服务值要稍高于上海市，成为外国及中国港澳台地区投资律师事务所进入中国早期最为集中的城市；广州市的外资律师事务所数量列第3位，并且以香港地区的投资律师事务所设立的代表处为主。此外，深圳市、福州市和大连市也有所分布（见表5－1）。

表5－1　2001年、2010年、2019年外国及中国港澳台地区投资律师事务所在中国境内城市代表处数量变化

所在城市	代表处数量（个）		
	2001年	2010年	2019年
上海	25	119	157
北京	30	86	115
广州	6	20	25
深圳	2	4	11
南京	0	2	3
天津	0	2	2
成都	0	1	1
大连	1	1	1
佛山	0	0	1
福州	1	1	1
杭州	0	0	1
济南	0	1	1
宁波	0	1	1
青岛	0	1	1
沈阳	0	1	1
西安	0	1	1
重庆	0	0	1

资料来源：中华人民共和国司法部官网．港澳律师事务所驻内地代表机构2019年度检验公告、外国律师事务所驻华代表机构2019年度检验公告［EB/OL］．（2020－11－17）［2021－4－17］. http：//www. moj. gov. cn/zwxxgk/fdzdgknrtzwj/index_3. html.

2002年后，在外国及中国港澳台地区投资律师事务所大量涌入中国的背景下，北京市和上海市仍然是其布局的首选地，并且与其他城市之间的差距进一步拉大，而上海市逐渐超越北京市，成为外国及中国港澳台地区投资律师事务所在中国境内分布最为集中的城市。广州市作为华南地区的中心城市，外国及中国港澳台地区投资律师事务所代表处的数量也有所增加。并且外国及中国港澳台地区投资律师事务所在中国境内分布的空间范围有所扩大，除了在更多的沿海城市布局外，也开始进入中国内陆地区，如开始在成都市和西安市有所分布。外国及中国港澳台地区投资律师事务所在中国境内的分布主要还是集中在上海市、北京市和广州市等最为重要的几个城市，因而与其他城市之间的差距进一步拉大。总体而言，外国及中国港澳台地区投资律师事务所在中国境内分布呈现高度集中的特征，这一集中不仅体现在代表处集中在少数几个城市，还体现为在上海市和北京市两个城市的高度集中。

第三节 外国及中国港澳台地区投资律师事务所在中国境内联系网络演变

一、中国境内城市网络

由于外国及中国港澳台地区投资律师事务所在中国的分支机构只有代表处的形式，因此可以判断，基于外国及中国港澳台地区投资律师事务所在中国境内扩张的各城市网络连接度与其服务值存在高度一致的特征，因此，在此不对各城市的网络连接度进行详细分析。从基于外国及中国港澳台地区投资律师事务所在中国境内扩张的中国国内城市联系演变来看，第一阶段中，早期的强联系值存在于北京市和上海市之间，上海市与青岛市间存在弱联系（见表 5－2）。第二阶段中，北京—上海的联系进一步加强，北京—广州、上海—广州、广州—深圳、成都—南京，以及福州—南京之间也开始出现初步联系。第三阶段较之上一阶段，并未有新的城市联系加入，北京—上海间的联系强度增加明显，其他城市联系强度也有所增长。

表 5－2　2001 年、2010 年、2019 年外国及中国港澳台地区投资律师事务所在中国境内城市联系对

城市对	联系值		
	2001 年	2010 年	2019 年
北京—上海	4	41	68
上海—广州	—	4	5
北京—广州	—	2	2
广州—深圳	1	2	3
成都—南京	—	1	4
南京—福州	—	1	1
上海—南京	—	—	1
上海—深圳	—	—	1

资料来源：中华人民共和国司法部官网．港澳律师事务所驻内地代表机构 2019 年度检验公告、外国律师事务所驻华代表机构 2019 年度检验公告［EB/OL］．（2020－11－17）［2021－4－17］．http：//www. moj. gov. cn/zwxxgk/fdzdgknrtzwj/index_3. html.

导致这一结果的原因主要在于，虽然中国加入世贸组织后，对外国及中国港澳台地区投资律师事务所在中国境内开展业务有所放宽，但仍然有较多限制，因此，外国及中国港澳台地区投资律师事务所在中国境内分支机构的形式仅限于代表处，并且数量较少，规模也不大，并且大部分在中国境内的外国及中国港澳台地区投资律师事务所仅在中国最重要的两个城市：北京市或上海市设置代表处，或是在北京市和上海市设立双代表处，这也是两个城市之间存在重要联系的主要原因。其他具有网络联系的城市基本上都为政治功能较强的省会城市，沿海经济发达城市联系较少或连接度较低。

二、全球联系网络

从中外城市的全球联系演变来看，与中国城市的联系主要来自西欧和北美地区（见表5－3）。第一阶段中，早期最强的联系出现在伦敦和北京之间，香港和广州之间也存在较强的联系。和中国城市联系较为密切的北美地区，城市联系在空间上较为分散，一般情况下作为首位城市的纽约优势并不明显，洛杉矶、芝加哥、旧金山等城市也与北京、上海之间保持一定程度的联系。第二阶段中，香港地区与上海、北京之间的联系增长最为明显，伦敦—北京、伦敦—上海、纽约—北京之间的联系也增长明显。亚太地区的重要城市，如东京、新加坡、悉尼、首尔等，与中国城市之间的联系相对较弱。第三阶段中，与中国城市存在联系的各国城市数量大量增加，但新增的城市仍然集中在西欧地区和美国，南美地区只有圣保罗与上海市保持弱联系，非洲地区与中国城市的联系处于空白状态。香港、伦敦、纽约、东京等核心城市与上海、北京之间的联系增长是新增联系的主要组成部分，美国的芝加哥，以及西海岸的洛杉矶、旧金山和硅谷地区与中国城市的联系强度上升也较快。西欧地区的主要联系存在于伦敦、巴黎、柏林等城市，其他城市的全球联系强度较弱。东亚地区的东京、首尔和大阪除与上海、北京保持重要联系外，其他的联系主要产生在与其空间距离相近的城市，如大连、天津、青岛和沈阳之间，而中国香港、新加坡、悉尼等城市，则与中国南方地区的城市联系较为紧密，这也一定程度上体现了世界城市网络中的区域性特征。

表 5 - 3　　2001 年、2010 年、2019 年外国及中国港澳台地区投资律师事务所来源网络变化

排名	2001 年		2010 年		2019 年	
	城市	联系度	城市	联系度	城市	联系度
1	伦敦—北京	6	伦敦—北京	7	香港—上海	21
2	香港—广州	5	香港—广州	7	香港—广州	17
3	纽约—北京	4	纽约—北京	6	香港—北京	16
4	伦敦—上海	4	东京—上海	5	纽约—北京	15
5	巴黎—北京	3	纽约—上海	5	伦敦—北京	13
6	香港—北京	3	香港—上海	5	纽约—上海	13
7	悉尼—上海	3	巴黎—北京	4	伦敦—上海	12
8	东京—北京	2	香港—北京	4	东京—上海	11
9	芝加哥—北京	2	伦敦—上海	4	巴黎—上海	9
10	东京—上海	2	东京—北京	3	香港—深圳	8
11	纽约—上海	2	洛杉矶—北京	3	东京—北京	7
12	香港—上海	2	巴黎—上海	3	新加坡—上海	7
13	新加坡—上海	2	首尔—上海	3	芝加哥—上海	7
14	柏林—北京	1	悉尼—上海	3	洛杉矶—上海	6
15	多伦多—北京	1	芝加哥—上海	3	洛杉矶—北京	5
16	旧金山—北京	1	华盛顿—北京	2	悉尼—上海	5
17	克利夫兰—北京	1	芝加哥—北京	2	芝加哥—北京	5
18	洛杉矶—北京	1	迈阿密—上海	2	巴黎—北京	4
19	匹兹堡—北京	1	斯德哥尔摩—上海	2	华盛顿—上海	4
20	苏黎世—北京	1	新加坡—上海	2	首尔—北京	4

资料来源：中华人民共和国司法部官网．港澳律师事务所驻内地代表机构 2019 年度检验公告、外国律师事务所驻华代表机构 2019 年度检验公告［EB/OL］．（2020 - 11 - 17）［2021 - 4 - 17］. http：//www. moj. gov. cn/zwxxgk/fdzdgknrtzwj/index_3. html.

第四节　外国及中国港澳台地区投资律师事务空间布局影响因素分析

一、模型构建

由于法律行业的特殊性质，各国对于外国律师事务所在本国开展业务的准入与监管，相比于其他高级生产者服务行业更加严格。2001 年开始施行的《外国律师事务所驻华代表机构管理条例》规定：

> “外国代表机构及其代表，只能从事不包括中国法律事务的下列活动：（一）向当事人提供该外国律师事务所律师已获准从事律师执业业务的国家法律的咨询，以及有关国际条约、国际惯例的咨询；（二）接受当事人或者中国律师事务所的委托，办理在该外国律师事务所律师已获准从事律师执业业务的国家的法律事务；（三）代表外国当事人，委托中国律师事务所办理中国法律事务；（四）通过订立合同与中国律师事务所保持长期的委托关系办理法律事务；（五）提供有关中国法律环境影响的信息。”
>
> ——中华人民共和国国务院令第 338 号

由此可见，外国律师事务所在中国境内主要业务基本都与国际事务和外国客户有关，因此，外国及港澳律师事务所在中国境内代表处区位选择的动因，很大程度上与中国的对外投资贸易和外商在中国境内直接投资相关。本书选择与对外贸易和外商投资相关的变量，来检验其对外国及中国港澳台地区投资律师事务所在各城市设立代表处的影响。对外贸易方面，选择各城市进出口总额（取对数，$\ln IXA$）；外商直接投资方面，选取了世界500强投资企业数（取对数，$\ln F500$）、实际利用外商投资（取对数，$\ln RFDI$），以及外商投资工业企业数（取对数，$\ln FICA$）；此外，由于律师事务所与司法部门之间的密切联系，外国及中国港澳台地区投资律师事务所选择在中国境内布局时，也一定程度上会考虑高等级司法部门所在地的首都、直辖市和省会城市，因此，引入外国及中国港澳台地区投资律师事务所代表机构所在城市是否为首都、直辖市或省会城市（CMP）这样一个虚拟变量，是这三类中的一类则为1，否则为0。由此建立以基于外国及中国港澳台地区投资律师事务所在中国境内分布的各城市网络相对连接度（RNC_{flf}）为因变量的多元回归模型：

$$RNC_{flf} = \alpha_0 + \alpha_1 \ln IXA + \alpha_2 \ln F500 + \alpha_3 \ln RFDI + \alpha_4 \ln FICA + \alpha_5 CMP + \varepsilon \tag{5-1}$$

其中，α_0 为常数项，α_1，α_2，…，α_5 为各变量的回归系数，ε 为标准误差。

二、回归结果

首先，采用强行导入的方法，将所有变量引入模型，同时，对模型的多重共线性问题进行了检验，发现调整后的模型拟合优度达为0.56923，F统计量对应的p值为0.033，小于0.05，VIF值和容忍度指数相对较低，各变量的显著性也不是很强，说明模型在整体上不太显著。但从单个变量的共线性检验结果来看，第6个特征根同时解释了世界500强投资企业数方差的56%，进出口总额方差的57%，说明这两个变量之间可能存在多重共线性问题。由于进出口总额这一变量在模型中影响指数较小，显著性也不强，因此，将其剔除，重新对剩余4个变量进行回归，结果显示，模型总体拟合效果较之前一模型有所提高。

表5-4显示，世界500强投资企业数这一变量的回归系数最高，显著性也最强，说明跟随大型跨国企业来华是当前外国及中国港澳台地区投资律师事务所在中国境内扩张的最主要动力。外商投资工业企业数的回归系数仅次于世界500强投资企业数，并且也具备一定的显著性，并且在0.01的水平上显著，说明外国及中国港澳台地区投资律师事务所在中国境内布局主要考虑城市的对外贸易水平。由于国际贸易中经常会产生贸易纠纷等问题，因此，就对国际法律咨询与服务产生了巨大的需求，而发展尚未成熟的中国律师行业尚无法完全满足这一需求，这也成为吸引外国及中国港澳台地区投资律师事务所来华开展业务的主要动因。是否为省会城市或直辖市变量较高的回归系数与较大的显著性，也证明了外国及中国港澳台地区投资律师事务所在中国境内区位选择时会首先考虑政治等级较高的城市这一结果。外商投资工业企业数和实际利用外商投资这两个变量的显著性并不强，说明外商在中国境内直接投资对于外国及中国港澳台地区投资律师事务所在中国境内布局并无明显吸引力，这也与当前中国对外国及中国港澳台地区投资律师事务所的严格管制有关。外国及中国港澳台地区投资律师事务所无法聘请中国的律师，并且不允许从事中国诉讼业务，因此，对于外商在中国境内投资这一因素在业务上的帮助效果不太明显。

表5-4　外国及中国港澳台地区投资律师事务所中国境内布局影响因素回归结果

变量	模型1	模型2
CMP	0.193	0.176
ln*FICA*	0.398	0.453

续表

变量	模型 1	模型 2
ln*F*500	0.536	0.582 **
ln*RFDI*	-0.140	-0.149
ln*IXA*	0.092	
CONSTANT	0.100	0.137
Adjusted R^2	0.523	0.569
F	4.075	5.623

注：样本数量为16；** 表示在5%水平上显著。
资料来源：笔者根据公式计算所得。

第五节　本章小结

自1992年中国对外国及中国港澳台地区投资律师事务所开放以来，外国及中国港澳台地区投资律师事务所不断进入中国，并先后经历了20世纪90年代的缓慢平稳发展、21世纪前10年的快速发展，以及近年来的稳定调整期。外国及中国港澳台地区投资律师事务所在中国境内的空间布局高度集中于北京市和上海市两个城市，在此基础上，逐渐向广州市、深圳市、福州市等沿海城市，以及成都市、西安市、重庆市等内陆城市扩展。但总体来看，外国及中国港澳台地区投资律师事务所在中国境内的空间分布有限，空间集中度高。在空间分布基础上，外国及中国港澳台地区投资律师事务所在中国境内分支机构联系网络的发展也有限，主要存在于北京市和上海市之间，在此基础上，逐渐拓展北京市、上海市与国内其他城市之间的联系，以及其他城市相互间的联系。

从外国及中国港澳台地区投资律师事务所的来源分布来看，香港是中国境内外来律师服务联系的最重要来源地，并且香港的律师事务所与广州市和深圳市保持了最重要的联系，此外，香港与上海市和北京市的联系也较为密切。除香港外，广州市的外来律师服务联系主要来自欧美国家以及日本等发达国家的主要城市，包括伦敦、巴黎、纽约、洛杉矶、芝加哥、硅谷，以及东京和大阪等。但近年来，来自欠发达国家和地区，特别是"一带一路"沿线国家和地区的律师事务所也开始出现并逐渐增多。

从外国及中国港澳台地区投资律师事务所在中国境内空间分布的影响因素来看，跟随外商投资企业在中国境内的布局，以及中国对外贸易的空间格局，成为最重要的影响因素。此外，城市的行政等级，也成为吸引外国及中国港澳台地区投资律师事务所的一个较为显著的因素。

当前，由于中国律师服务业对外开放的限制、中国国内律师服务业的崛起以及国际贸易争端等因素的影响，外国及中国港澳台地区投资律师事务所在中国境内的发展较为有限，甚至近年来还有所回落。但随着中国对外开放程度的不断深化，以及中国律师服务业全球化程度的不断增强，中国国内律师服务市场与全球市场的对接也将进一步拓宽和加深，外国及中国港澳台地区投资律师事务所也将更多地登陆中国市场，这也为中国律师服务业的空间格局带来新的影响。

第六章 中国境内律师服务业空间演变及其影响因素

第一节 中国律师服务业发展趋势

一、改革开放前的发展

在中国两千多年的封建历史长河中，并没有律师制度，1911 年辛亥革命后，新成立的临时政府起草了《律师法草案》，主要是对西方国家律师制度的借鉴。1941 年，国民政府颁布了中国历史上的第一部律师法律《律师法》，并在此基础上发展了一套较为完善的律师制度体系（彭东昱，2007）。

中华人民共和国成立后，旧的律师体系和制度都被废除，新中国开始探索自己的法律体系和律师制度。1954 年，我国颁布的第一部《中华人民共和国宪法》中明确规定："人民法院审理案件，除法律规定的特别情况外，一律公开进行。被告人有权获得辩护”①。同样，在1979年第五届人民代表大会上通过的《中华人民共和国人民法院组织法》（2006年第三次修正）第八条也规定：“被告人有权获得辩护。被告人除自己进行辩护外，有权委托律师为他辩护”②。由于这一时期中国的社会制度，如政治制度、经济制度和法律制度等，都基本仿照苏联社会主义体制建立，律师制度也不例外。当时律师制度的一个主要特点，是律师完全属于国家公职人员；律师的主要任务是维护社会主义制度和无产阶级专政，而作为当事人的辩护人或代理人，只是为了满足政治和法律的需要。自此开始，中国的众多县、市开始开展律师工作，我国的第一批律师队伍也开始建立（熊秋红，1999）。到1957年中期，全国已经成立了19个律师协会，800多个法律顾问处，并形成了2500多人的专职律师队伍（茅彭年、李必达，1992），中国的律师行业发展势头良好。1957年后，由于国内形势开始出现动荡，国内的律师制度开始受到冲击，司法部也于1959年被撤销，中国的律师行业发展出现了停滞状态。

二、1979～1992年：恢复与初步发展

改革开放后，中国的律师制度重新得到恢复，中国律师制度获得了真正意义上的成长与发展。1980年颁布的《中华人民共和国律师暂行条例》，成为中华人民共和国成立以来的第一部关于律师行业的法规，也开启了我国现代律师制度建立的新篇章。1986年成立了“中华全国律师协会”，作为全国性的律师自律性社团组织，主要是在律师行业中起沟通与

---

① 中国人大网．中华人民共和国宪法（1954）［EB/OL］．（2000－12－26）［2019－3－7］．http：//www.npc.gov.cn/wxzl/wxzl/2000－12/26/content_4264.htm.

② 中国人大网．中华人民共和国人民法院组织法（修正）［EB/OL］．（2016－12－5）［2019－3－7］．http：//www.npc.gov.cn/wxzl/gongbao/2006－12/05/content_5354938.htm.

协调作用。在这一时期，其他各种有关律师制度的管理条例和规定也陆续出台，中国律师制度逐步走向了健全和完善。

在恢复律师制度之初，沿用了新中国成立之初建立的律师制度，律师事务所实行国家公办，律师像国家公务员一样属于公职人员。由于这种模式是计划经济体制下的产物，在中国由计划经济逐步向市场经济过渡之后，国家公办的形式无法适应社会的发展需要，必须进行改革。这从我国从业律师人数和律师事务所数量的变化可以看出（见图6－1），1993年以前，我国的律师人数和律师事务所数量的发展都处于比较缓慢的状态，甚至还出现过起伏，说明这一时期的中国律师行业发展仍然处于初始状态。

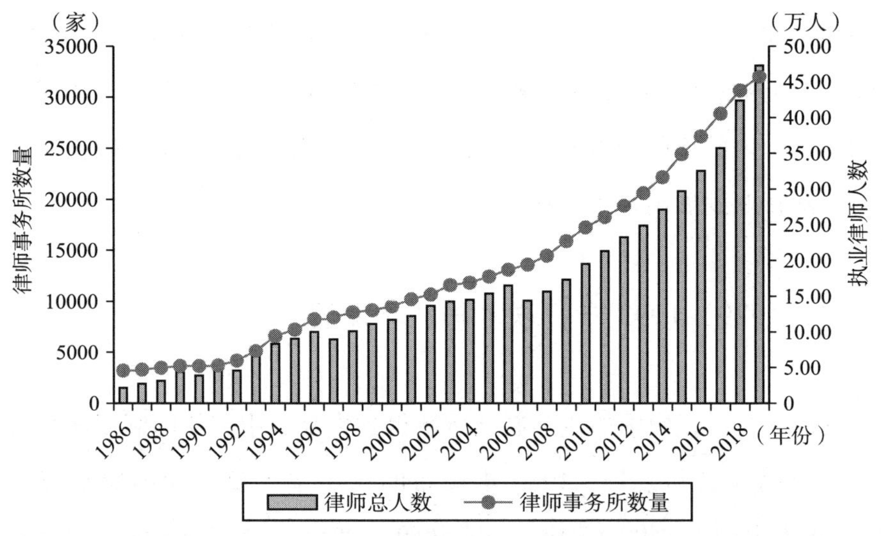

图6－1　1986～2019年中国律师事务所数量与执业律师人数变化

资料来源：根据司法部网站公布数据整理。

三、1993～2001年：快速发展

1993年，国务院批复了司法部递交的《关于深化律师工作改革的方

案》，鼓励采取多种形式建立律师服务机构，加大专职律师的培训力度，鼓励和推动律师事务所通过多种形式进行跨区域发展，以及深化外国、境外律师事务所在中国办事处的设立等①。由此开始，在西方国家比较盛行的合伙制律师事务所开始在中国试行。从 1993 ~ 1995 年的两年多时间里，中国的律师制度发生了一个根本的变化，这就是绝大部分律师彻底脱掉原来的"官服"，由国家公职人员转变为社会法律工作者，原来隶属于政府部门的绝大部分"法律顾问处"，也转变为自负盈亏的"律师事务所"。合伙制律师事务所采用公司化管理，合伙人共同承担事务所的盈亏，这有利于促进中国律师行业现代企业制度的建立，并且有利于形成中外律师事务所相互竞争的局面，对于律师事务所吸引外部投资也有一定的促进作用（徐自立，2015）。1993 年开始，中国的律师总人数和律师事务所总量的增长速度都明显加快，中国的律师行业有了初步的发展。1996 年，在原有《中华人民共和国律师暂行条例》的基础上，国务院颁布了《中华人民共和国律师法》（以下简称《律师法》），对律师行业进行了进一步规范，并且提高了律师的权利范围，极大地完善了我国的律师制度（熊秋红，1999）。新颁布的《律师法》对律师从业资格和律师事务所设立的审查也更加严格，这也使 1997 年全国律师总人数和律师事务所数量较上年有所下降，但这并不影响这一时期中国律师行业的快速发展。

四、2002 ~ 2006 年：加速发展

2001 年中国加入世贸组织后，中国国内的法律服务市场对外商投资企业进一步开放，外国及中国港澳台地区投资律师事务所大量进入中国，

① 国务院. 司法部关于深化律师工作改革的方案［EB/OL］.（1993 - 12 - 26）［2019 - 3 - 7］. https：//code. fabao365. com/law_228307. html.

这对新兴的中国律师行业来说无疑是巨大的挑战，但外国及中国港澳台地区投资律师事务所带来的国际经营经验和更加激烈的竞争，同时也是帮助中资律师事务所成长与发展的重要动力与刺激因素（马宁，2004；朱秋，2004）。在此背景下，从2002年起，中国的律师从业人数和律师事务所数量的增长速度进一步加快。

五、2007～2019年：高速发展

2007年，第十届全国人大常委会通过了对《中华人民共和国律师法》的第二次修订的决议，这也一定程度上导致2007年的全国律师从业人数和律师事务所数量较上年有所下降，但在此之后，这两项数据的增长速度却进一步加快，中国的律师行业进入快速发展时期。

第二节 中国律师服务空间变化

一、中国律师事务所空间分布变化特征

从1979～2019年中国律师事务所空间分布变化情况来看，不同时期国内新设律师事务所空间分布的密度值不断增大（见表6－1）。1979～1992年，中国境内设立的律师事务所数量相对较少，14年间新设律师事务所为1157家，年均增长82家，空间覆盖程度也相对较低，主要集中在沿海地区。而在京津冀和长三角地区的集聚度最高；山东省、辽宁省、广东省的分布也较多，但较前两个地区的空间集聚度要低。在中、西部地

区，以山西省、湖南省、江西省、安徽省、云南省、贵州省、四川省、陕西省和甘肃省较为突出，并且这些省份新设的律师事务所主要集中在省会城市及其周边地区。总体来看，这一时期新设律师事务所主要集中在北京市、上海市，以及国内的其他少数重点城市和区域。

表 6－1　1979～2019 年中国境内各省区市、兵团律师事务所各阶段数量变化

单位：家

省区市	1979～1992 年	1993～2001 年	2002～2006 年	2007～2019 年
广东	116	632	330	2419
北京	19	358	427	1721
山东	154	385	215	1511
江苏	32	413	168	1370
上海	60	269	197	990
浙江	56	253	147	935
四川	61	294	162	885
河南	24	191	265	809
福建	1	42	56	645
重庆	7	139	113	583
河北	58	253	99	551
辽宁	60	197	132	515
云南	104	125	70	505
天津	42	89	67	482
安徽	44	208	83	427
广西	5	143	62	427
山西	44	120	82	426
湖南	45	195	76	425
陕西	12	35	69	398
内蒙古	48	72	35	271
贵州	16	91	41	267

续表

省区市	1979～1992 年	1993～2001 年	2002～2006 年	2007～2019 年
吉林	13	104	51	254
新疆	22	72	31	250
甘肃	9	79	37	226
黑龙江	8	117	99	212
江西	50	106	52	200
湖北	18	167	59	187
青海	10	26	4	71
宁夏	8	28	13	69
海南	8	10	2	46
西藏	2	4	4	45
新疆生产建设兵团	1	8	3	33
合计	1157	5225	3251	18155

资料来源：中国法律服务网．律师事务所查询［EB/OL］．［2020－7－10］. http：//www.12348. gov. cn/#/publicies/lawdept/lawdept.

1993～2001 年是中国律师制度由计划经济时期的行政化向社会主义市场经济下的市场化转化的探索期。这一时期新增律师事务所数量较上一时期增加了 3.5 倍，年均增长 475 家，是上一时期年均增加数量的 5.8 倍，增速大为提高。从空间布局特征来看，这一时期新增的律师事务所在空间覆盖上较上一阶段更为广泛，除西藏自治区、新疆维吾尔自治区、青海省、甘肃省和内蒙古自治区的区域外，新设律师事务所在东部沿海地区、中部地区、西部地区，以及东北地区的空间覆盖上已较为全面。从这一时期新设律师事务所的空间集聚特征来看，空间分布仍以长三角、珠三角和京津冀三大区域的集中度最高，此外，成都市、重庆市、长沙市、武汉市、济南市、厦门市、昆明市、郑州市、沈阳市等区域性中心城市这一时期新设律师事务所的空间集聚特征也较为显著。

2002 ~ 2006 年是中国律师制度市场化的过渡期，5 年间新增律师事务所 3251 家，年均增长 650 家，是上一时期年均增速的 1.37 倍，显示了中国律师服务业的持续快速增长。这一时期，新增律师事务所的空间分布特征与上一时期较为相似，尤其在西北地区，新增的律师事务所较少。

2007 年后，中国律师服务业迎来大爆发。2007 ~ 2019 年，中国境内新增律师事务所 18155 家，是过去 28 年总和的 1.88 倍，年均增长 1396 家，是上一阶段的 2.15 倍。从这一时期新增律师事务所的空间分布来看，以京—津为核心的京津冀、以上海市为核心的长三角地区，以及以穗—深为核心的珠三角地区，仍然是国内新增律师事务所的首选区位。此外，广东省、福建省、浙江省、江苏省、山东省、河北省和辽宁省的沿海地区，也是这一时期新增律师事务所的重要集中地。在内陆地区，新增律师事务所主要集中在以省会城市和直辖市等为中心的重点城市群，如成都市和重庆市所在的成渝城市群，郑州市、太原市所在的中原城市群，济南市、青岛市所在的山东省半岛城市群，西安市所在的关中平原城市群，长沙市、武汉市和南昌市所在的长江中游城市群，沈阳市和大连市所在的辽中南城市群，福州市和厦门市所在的海峡西城市群等。在此前律师事务所稀少的西北地区，甘肃省、新疆维吾尔自治区、内蒙古自治区等省区的律师事务所数量和空间覆盖程度增长明显，经济和人口发展较为欠缺的西藏自治区和青海省的律师事务所数量也开始有所增长。

二、律师事务所规模空间分布特征

从不同时期新增律师事务所的成长规模来看（见表 6 - 2），1979 ~ 1992 年虽然设立律师事务所数量上相对较少，但一些老牌的大所在这一时期就已成立，如北京市的大成律师事务所、长沙市的湖南金州律师事务所，以及广州市的广东法制盛邦律师事务所等，并且一部分已成长为所在城市或地区的中坚力量，北京大成律师事务所通过跨区域和全球扩张，在律师规模上已达到了全球领先。

表 6-2　1979～2019 年不同阶段中国境内各省区市、兵团新设律师事务所规模变化

单位：家

省区市	1979～1992 年	1993～2001 年	2002～2006 年	2007～2019 年
北京	1606	12070	7373	19212
广东	1215	12847	5665	12879
山东	2456	6864	3456	11061
江苏	471	6386	2574	10685
上海	1231	5582	2819	8718
河南	306	4283	5460	7391
浙江	1436	5174	2047	6168
四川	673	5499	2608	6063
福建	16	1513	637	5901
湖南	1383	4125	1536	4278
河北	788	5106	1972	4091
辽宁	841	2723	1465	3395
重庆	70	2008	1249	3313
陕西	125	851	891	3212
山西	322	1452	1010	3010
安徽	661	2656	1028	2814
云南	875	1726	1191	2590
天津	274	944	776	2363
广西	12	1801	721	2264
内蒙古	533	1027	397	2161
吉林	196	1627	615	1840
黑龙江	68	1283	1433	1636
新疆	140	785	284	1497
江西	402	1807	728	1340
贵州	145	1215	517	1196

续表

省区市	1979～1992年	1993～2001年	2002～2006年	2007～2019年
湖北	413	3355	1216	987
甘肃	202	1214	458	969
青海	205	522	54	702
宁夏	65	504	244	463
海南	29	105	46	256
西藏	7	56	25	234
新疆生产建设兵团	2	88	46	161
合计	17168	97198	50541	132850

资料来源：中国法律服务网．律师查询［EB/OL］．［2021－7－10］. http：//www. 12348. gov. cn/#/publicies/lawyerlist/lawyerlist.

1993～2001年是中国境内市场化的合伙制律师事务所兴起的爆发期，当前国内的众多大型律师事务所，都是这一时期通过改制设立或者新成立的。如上海锦天城律师事务所、北京京师律师事务所、北京盈科律师事务所、广东广信君达律师事务所、北京金杜律师事务所等。1979～1992年成立的一些大型律师事务所，如北京大成律师事务所，已开始在国内主要城市扩展其分支机构网络，如北京大成律师事务所这一阶段在上海、广州、成都、南京、宁波等城市设立了分所，并且这些分所如今都已成为上百人的大型所。但从律师事务所的数量上来看，这一时期新设立的律师事务所，仍以50人以下的中小所，特别是10人以下的小型律师事务所为主。

2007年后新设立的律师事务所，从规模上来看，与前两个阶段成立的律师事务所有一定差距，并且2007～2019年设立的律师事务所中，规模较大的律师事务所中，很大一部分都是前两个阶段成立的大型律师事务所在境内主要城市设立的分所，这在一定程度上反映出规模化和网络化已成为国内律师事务所保持其竞争力的一个重要策略。

从境内律师事务所发展的城市分布变化上来看（见表6－3、表6－4），

表 6－3　　1979～2019 年中国地级行政区新设律师事务所变化　　单位：家

排名	城市	1979～1992 年	1993～2001 年	2002～2006 年	2007～2019 年	合计	排名	城市	1979～1992 年	1993～2001 年	2002～2006 年	2007～2019 年	合计
1	北京	19	341	439	1749	2548	18	大连	12	54	51	188	305
2	上海	53	255	244	1008	1560	19	沈阳	9	67	35	188	299
3	重庆	7	144	112	619	882	20	石家庄	8	61	35	174	278
4	深圳	1	102	96	649	848	21	西安	5	34	24	197	260
5	广州	4	175	88	533	800	22	福州	1	58	23	151	233
6	天津	34	89	68	563	754	23	南宁	0	40	29	158	227
7	成都	11	128	86	508	733	24	东莞	2	17	22	185	226
8	杭州	13	64	59	366	502	25	哈尔滨	0	70	50	97	217
9	郑州	1	49	69	364	483	26	长春	1	44	23	132	200
10	济南	15	52	33	319	419	27	武汉	11	61	20	103	195
11	南京	1	64	42	310	417	28	合肥	5	40	24	122	191
12	青岛	12	57	44	286	399	29	厦门	6	23	23	139	191
13	长沙	14	55	39	274	382	30	宁波	11	42	21	103	177
14	太原	6	45	51	261	363	31	无锡	10	29	18	114	171
15	昆明	16	74	44	202	336	32	金华	5	18	20	128	171
16	苏州	0	51	23	254	328	33	烟台	19	36	8	91	154
17	佛山	0	57	33	223	313	34	潍坊	10	15	14	110	149

续表

排名	城市	1979～1992年	1993～2001年	2002～2006年	2007～2019年	合计	排名	城市	1979～1992年	1993～2001年	2002～2006年	2007～2019年	合计
35	乌鲁木齐	1	21	15	110	147	45	贵阳	5	24	14	80	123
36	常州	2	23	11	111	147	46	南昌	2	31	13	76	122
37	温州	10	25	8	102	145	47	盐城	0	42	4	72	118
38	泉州	0	37	13	91	141	48	南通	1	24	10	80	115
39	徐州	3	23	14	97	137	49	台州	6	24	8	77	115
40	临沂	1	17	18	97	133	50	绍兴	3	32	9	63	107
41	保定	14	36	18	60	128	51	淄博	11	24	15	55	105
42	呼和浩特	6	15	12	94	127	52	济宁	12	15	6	68	101
43	洛阳	0	2	35	88	125	53	中山	0	20	11	70	101
44	兰州	8	34	13	69	124							

资料来源：中国法律服务网．律师事务所查询［EB/OL］．［2020－7－10］. http：//www. 12348. gov. cn/#/publicies/lawdept/lawdept.

表 6－4　1979～2019 年中国地级行政区新设律师事务所律师数量变化

排名	城市	1979～1992 年	1993～2001 年	2002～2006 年	2007～2019 年	合计	排名	城市	1979～1992 年	1993～2001 年	2002～2006 年	2007～2019 年	合计
1	北京	1606	10418	6214	9830	28068	18	沈阳	110	1108	581	1731	3530
2	上海	1254	7061	3360	9483	21158	19	大连	306	890	570	1707	3473
3	广州	409	5713	1724	3799	11645	20	武汉	280	1741	665	595	3281
4	深圳	59	3232	2365	5326	10982	21	太原	57	766	628	1759	3210
5	成都	323	3459	1606	4737	10125	22	合肥	213	832	398	1487	2930
6	郑州	27	2048	1884	4058	8017	23	东莞	21	412	571	1467	2471
7	重庆	70	2391	1397	3894	7752	24	宁波	360	863	287	960	2470
8	长沙	929	1575	909	3261	6674	25	佛山	0	703	498	1252	2453
9	杭州	403	1977	987	2968	6335	26	福州	8	1255	279	817	2359
10	济南	362	1404	842	3287	5895	27	厦门	245	571	379	877	2072
11	南京	90	1697	749	3179	5715	28	温州	326	635	104	1005	2070
12	天津	296	1163	783	3340	5582	29	无锡	122	456	328	1114	2020
13	青岛	249	1403	561	2604	4817	30	长春	9	618	289	1036	1952
14	石家庄	212	1375	928	1587	4102	31	南宁	0	727	365	774	1866
15	西安	61	840	413	2677	3991	32	哈尔滨	0	682	398	618	1698
16	昆明	208	1114	933	1560	3815	33	呼和浩特	67	392	213	1024	1696
17	苏州	0	984	320	2373	3677	34	徐州	62	426	261	923	1672

续表

排名	城市	1979～1992年	1993～2001年	2002～2006年	2007～2019年	合计	排名	城市	1979～1992年	1993～2001年	2002～2006年	2007～2019年	合计
35	乌鲁木齐	3	347	253	1064	1667	46	银川	136	442	42	598	1218
36	烟台	314	526	96	630	1566	47	淄博	178	348	219	442	1187
37	南昌	8	563	196	765	1532	48	邯郸	86	466	99	532	1183
38	洛阳	0	16	666	843	1525	49	济宁	222	251	145	541	1159
39	常州	33	370	145	968	1516	50	南通	28	277	210	630	1145
40	潍坊	153	307	250	755	1465	51	南阳	0	387	210	544	1141
41	临沂	5	267	403	742	1417	52	泉州	0	547	193	396	1136
42	保定	120	511	265	464	1360	53	珠海	0	345	226	548	1119
43	金华	58	300	198	783	1339	54	绍兴	49	485	107	457	1098
44	兰州	206	458	132	446	1242	55	安阳	14	342	266	468	1090
45	贵阳	64	490	231	454	1239	56	新乡	0	0	658	409	1067

资料来源：中国法律服务网．律师查询［EB/OL］．［2021－7－10］. http：//www. 12348. gov. cn/#/publicies/lawyerlist/lawyerlist.

1979～1992年，国内律师事务所的发展在空间分布上较为均衡，北京市、上海市等律师服务业发展较为领先的城市，但与其他城市相比，在这一时期的领先优势并不明显。1993年后，国内少数中心城市的发展优势开始得到体现，北京市和上海市异军突起，成为国内律师服务业发展的领先城市。广州市、深圳市、成都市和重庆市等城市也开始崛起，新设律师事务所数量显著提升。而中西部地区城市和东部经济欠发达城市虽然新增律师事务所数量增长相对较为缓慢，但这一时期已基本填补了之前无律师事务所的空白状态，律师服务业也开始得到发展。2002～2006年，新增律师事务所的区位选择以经济较为发达或行政级别相对较高的重点城市为主。2007年后，新增律师事务所的空间集聚度进一步提高。北京市和上海市的新增律师事务所数量均超过1000家，大幅领先其他城市和地区。广州市、深圳市、成都市和重庆市的新增律师事务所数量也都超过了500家，继续保持境内律师服务业发展核心城市地位。以省会城市为主的区域性中心城市和沿海部分经济发达城市则构成了该阶段新增律师事务所的第三梯队。

第三节　中国律师服务网络的特征变化

一、律师事务所总部分布特征

截至2019年底，本书统计的中国境内27788家律师事务所中，共有1031家律师事务所在境内城市中设立了分支机构。从设立分支机构的律师事务所成立时间来看，1980～2019年，设立分支机构律师事务所的数量变化经历了从上升到下降的趋势（见图6－2）。其中，1980～1991年间增长较缓，年均增长仅为4.5家；1992年后设立分支机构的律师事务所数量开始快速增长，1992～2012年，年均数量增长到45家，是上一时期的10倍，2001年更是达到84家；2013年后，数量开始逐渐下降。这一特征，一方面，由于1992年前属于律师服务业国有化阶段，这一时期成立的律师事务所在律师服务业市场化改革中要么拆分，要么转制，延续下来继续发展的数量有限。另一方面，1992年后成立的律师事务所，经过二十余年的发展和壮大，已基本成为我国律师服务业的中坚力量，空间扩展的意愿和能力都较强。而新近成立的律师事务所规模和实力相对有限，空间扩展的意愿和能力有限。

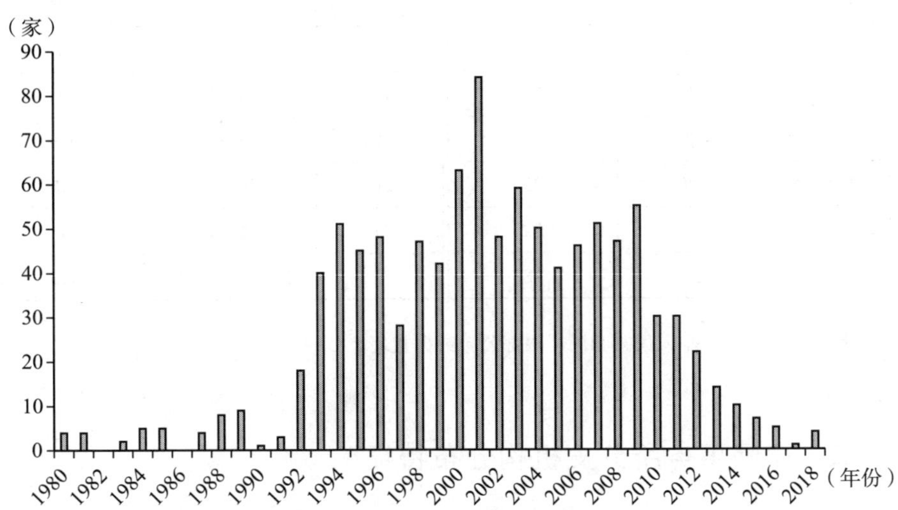

图6－2　1980～2018年拥有分支机构的律师事务所总部成立时间分布

资料来源：根据中华人民共和国司法部公布数据整理绘制。

从设立分支机构的律师事务所总部空间分布来看，1031家律师事务所总部分别来自189个城市，设立分支机构的律师事务所总部数量超过10家的城市有21个（见表6－5），其中，北京市以194家高居首位，是排在第2位的上海市的2.4倍和第3位的广州市的4.5倍，这也体现了北京市在我国境内律师服务网络中的绝对控制地位。广州市虽然较大程度上落后于北京市和上海市，但第3位的排名也体现了其在我国律师服务网络中的重要控制中心功能。

表6－5　境内律师事务所分支机构来源城市排名　单位：个

排名	所在城市	数量	排名	所在城市	数量
1	北京	194	12	长沙	18
2	上海	80	13	沈阳	17
3	广州	43	14	昆明	14
4	深圳	37	15	太原	13
5	成都	30	16	南宁	11
6	重庆	28	17	天津	11
7	杭州	24	18	郑州	11
8	南京	24	19	合肥	10
9	济南	23	20	石家庄	10
10	武汉	22	21	温州	10
11	青岛	18	合计		648

资料来源：根据中华人民共和国司法部公布数据整理。

二、律师事务所分支机构分布特征

中国境内律师事务所的分支机构方面，1031家律师事务所共在境内设立了2458家分所，平均每家律师事务所的分支机构数量为2.38家（见图6－3）。从不同年份新设分支机构数量变化来看，2000年前，年新增分支机构数量都在15家以下，年均增长4.9家。2000年后，数量有所提升，但2000～2009年，虽然年均新增分支机构数量达到46.4家，但增长速度仍相对较缓。2010 年后，新增律师事务所分支机构数量开始加速增长，2010 年新增分支机构数量突破 100 家，达到 118 家，此后基本保持加速增长态势，到 2018 年，新增分支机构数量达到 436 家，整个 2010～2018 年，年均新增分支机构数量达到 210.5 家①。我国律师事务所的空间扩展呈现不断加速的特征。

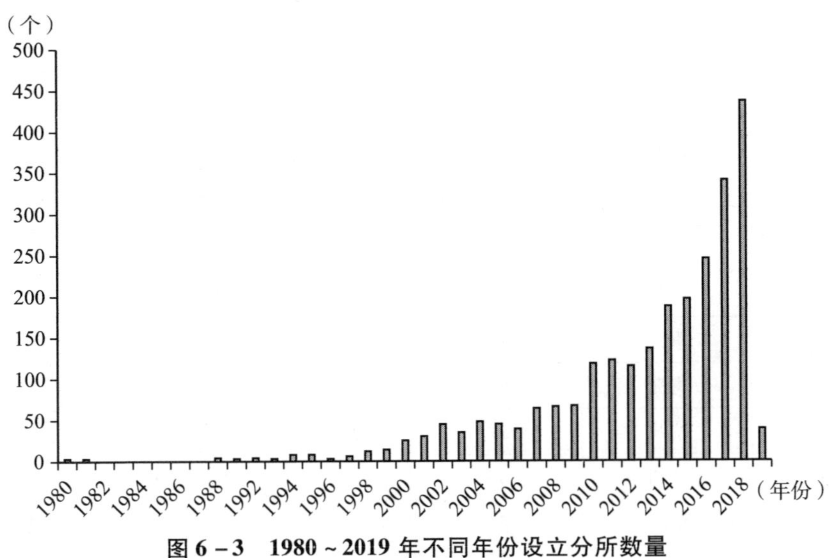

图 6－3　1980～2019 年不同年份设立分所数量

资料来源：根据中华人民共和国司法部公布数据整理绘制。

从中国境内律师事务所分支机构的空间变化来看，深圳市虽然在律师服务网络的控制功能上列第 4 位，但分支机构数量以 139 家位于首位，体现了其以金融和创新为主要特征的经济快速发展对国内律师服务的强大吸引力（见表 6－6）。上海市和北京市分别以 136 家和 105 家列第 2 位和第

① 根据本书获取的司法部网站数据，2019 年新增的律师事务所分支机构数量仅有 39 家，造成这一现象的主要原因可能是司法部网站相关数据库更新的延迟，故该数据不能真实反映 2019 年我国境内律师事务所新增分支机构数量，但相关数据的确实并不影响研究对我国律师事务所分支机构拓展发展趋势的判断。

3 位，体现了其在境内律师服务网络中拥有强大控制力的同时，也兼具强大的吸引力。广州市则以 91 家分支机构列第 4 位，表明其在律师服务网络中的控制力和吸引力发展较为均衡。

表 6－6　境内城市律师事务所分支机构数量排名　　单位：个

排名	城市	分所数量	排名	城市	分所数量
1	深圳	139	24	南宁	24
2	上海	136	25	沈阳	24
3	北京	105	26	厦门	23
4	广州	91	27	福州	22
5	成都	86	28	石家庄	22
6	天津	75	29	东莞	19
7	苏州	73	30	昆明	18
8	重庆	69	31	南通	18
9	青岛	63	32	烟台	18
10	杭州	59	33	珠海	18
11	郑州	55	34	佛山	17
12	济南	53	35	潍坊	17
13	南京	50	36	泉州	16
14	长沙	41	37	昭通	15
15	宁波	33	38	惠州	14
16	无锡	32	39	金华	14
17	合肥	31	40	哈尔滨	12
18	太原	31	41	南昌	12
19	西安	30	42	长春	12
20	大连	28	43	遵义	12
21	武汉	27	44	沧州	11
22	温州	25	45	贵阳	11
23	呼和浩特	24	46	泰州	11

续表

排名	城市	分所数量	排名	城市	分所数量
47	乌鲁木齐	11	52	湖州	10
48	徐州	11	53	柳州	10
49	百色	10	54	绍兴	10
50	东营	10	55	舟山	10
51	海口	10	合计		1828

资料来源：根据中华人民共和国司法部公布数据整理。

三、律师服务网络空间联系变化

从中国境内律师服务联系网络的空间特征变化来看，1993 年前的联系较少，仅存在于北京—长沙、杭州—湖州、杭州—温州、成都—泸州，以及昆明—大理之间，其中，仅有北京市和长沙市之间的联系属于跨省（市）联系（见表6 -7）。

1993 年后，中国境内律师服务联系发展明显，不仅网络空间覆盖的广度提升明显，城市之间的联系强度也显著提高。主要的联系来自北京市，2001 年，来自北京市的城市联系数量为 27 个，超过当年全国联系数量的 1/3；北京市发出的律师服务联系强度达到 60，占全国律师服务网络联系强度值的一半。城市联系方面，北京—上海的联系度达到 16，高居首位，北京—深圳、北京—广州，以及北京—成都的联系度分别为 7、5 和 4，分列 2 ~4 位，此外，联系度排在前 9 位的城市联系均来自北京市，充分体现了北京市在中国境内律师服务联系网络中的核心控制地位。这一时期，除北京市外的其他城市之间联系相对较弱，并且主要为相关中心城市发出的联系，非中心城市之间的联系较少，网络的轴—辐特征比较明显。

表 6－7　1979～2019 年中国境内律师服务网络联系空间特征变化

排名	1979～1992 年		1993～2001 年		2002～2006 年		2007～2019 年	
	城对	联系值	城对	联系值	城对	联系值	城对	联系值
1	成都—泸州	1	北京—上海	16	北京—上海	30	北京—上海	77
2	杭州—湖州	1	北京—深圳	7	北京—深圳	15	北京—深圳	54
3	杭州—温州	1	北京—广州	5	上海—北京	11	北京—天津	54
4	北京—长沙	1	北京—成都	4	北京—广州	8	北京—成都	42
5	昆明—大理	1	北京—海口	2	北京—济南	7	北京—广州	37
6	—	—	北京—杭州	2	北京—成都	6	深圳—深圳	36
7	—	—	北京—南京	2	北京—沈阳	5	重庆—重庆	36
8	—	—	北京—沈阳	2	北京—杭州	4	北京—济南	31
9	—	—	北京—长沙	2	广州—深圳	4	北京—南京	31
10	—	—	福州—宁德	2	北京—大连	3	北京—杭州	29
11	—	—	哈尔滨—大庆	2	北京—东莞	3	北京—郑州	28
12	—	—	海口—深圳	2	北京—福州	3	上海—北京	26
13	—	—	青岛—济南	2	北京—南京	3	青岛—青岛	25
14	—	—	安阳—郑州	1	北京—长沙	3	上海—苏州	24
15	—	—	北京—北京	1	北京—重庆	3	北京—西安	22
16	—	—	北京—大连	1	广州—东莞	3	北京—苏州	18
17	—	—	北京—大庆	1	广州—上海	3	广州—广州	18
18	—	—	北京—贵阳	1	哈尔滨—大庆	3	北京—长沙	17
19	—	—	北京—哈尔滨	1	海口—深圳	3	北京—重庆	17
20	—	—	北京—合肥	1	南京—无锡	3	北京—青岛	16

资料来源：根据中华人民共和国司法部公布的 1979～2019 年数据整理。

2006 年，境内律师服务网络在 2001 年的基础上得到进一步强化。北京市与上海市、深圳市、广州市、成都市、重庆市等主要城市之间的联系得到进一步加强，与其他中心城市和非中心城市之间的联系也在继续拓展。上海作为我国重要的律师服务中心城市之一，这一时期的律师服务联系也发展迅速，上海—北京、上海—广州、上海—南京、上海—杭州，以及上海—哈尔滨等城市之间均形成了较为重要的联系。此外，在沿海各省份及四川省、云南省、黑龙江省、河南省内陆省份，也均形成了以省会城市为中心的不同程度的轴—辐联系网络。

从2019年的境内律师服务联系网络可以明显看出，中国境内律师服务网络的完善度进一步提升。首先，在空间覆盖的广度方面，甘肃省、青海省、西藏自治区、新疆维吾尔自治区、宁夏回族自治区等相对较为偏远的省和自治区也开始联系到全国性的律师服务网络中来，一方面，是主要中心城市法律服务空间溢出的结果；另一方面，也体现了经济和律师服务发展较为滞后的省和自治区本地律师服务实力的提升。其次，中国境内律师服务网络的层级性进一步完善，这主要表现在北京—上海双核城市与中国境内各中心城市之间的联系进一步得到强化，各中心城市之间的联系也逐渐完善，全国性的律师服务骨干网络也由前期的轴—辐结构逐渐完善为网络化的互联结构，并且，这一特征在长三角和珠三角等一些经济发达地区也开始得到体现。

第四节　中国律师事务所空间布局影响因素

一、变量选取与模型构建

为探究我国律师事务所空间布局与扩张的影响因素，本章以2001～2018年作为观测年份，以不同年份律师事务所数量作为因变量，并选取与律师事务所发展相关的经济、社会、政治等相关要素作为自变量，对相关影响因素进行检验。

律师事务所作为市场化的法律服务提供主体，市场规模与潜力对于律师事务所的空间布局具有较大吸引力，因此，研究选取国内地级及以上城市的国内生产总值和人均 GDP 来表征律师服务目标城市的市场规模。民事诉讼和非诉业务是当前我国律师服务市场的重要组成部分，而更多的人口和企业数量，特别是高收入人口和大型企业数量越多，意味着将为律师事务所带来越多潜在的业务来源，通过户籍人口数、人均 GDP、就业人员数、城乡居民储蓄余额、金融业从业人员数、民用航空客运量、规模以上工业企业数、固定资产投资等指标可以得到反映。律师服务业作为高端的商务服务业，企业法律服务律师服务高端市场的重要组成部分，特别是企业的知识产权保护、法律合规等相关的非诉讼和诉讼服务，更是实力雄厚的大型律师事务所和精品所的重要业务来源，因此，研究选取城市的科学技术支出、房地产开发投资额和专利授权量 3 个指标，来表征城市律师服务高端市场的规模。一般来说，外商投资企业在进入新的投资环境后，遇到相关问题，大多会考虑通过法律途径来解决问题，法治意识也普遍较强，因此也是国内律师事务所服务的重要对象，故选取外商投资企业数量来评价外商投资对律师事务所的吸引力。律师服务业的行业特性决定了其必须经常与司法、法院、公安、检察院、仲裁等相关政府部门和机构打交道；并且，对政策的敏感性也驱使其尽可能地接近较高等级的政府法律制定部门；同时，政府部门的法律服务采购需求也为律师事务所提供了一定的业务来源。因此，众多政府部门，特别是高等级政府部门的集聚地，对于律师事务所的空间布局也存在一定的吸引力，故选取城市的行政等级，即城市的政治影响力对律师事务所的吸引力进行估计。基于此，本书选取以上 15 个自变量进行相关性检验，共计约 88082 个观测值，时间区间为 2001 ~ 2018 年，具体模型如下：

$$Layers_{enterprises} = \alpha VAR_i \quad (6-1)$$

其中，$Layers_{enterprises}$表示律师事务所数量，VAR_i 分别表示金融业从业人员数、就业人员数、城乡居民储蓄余额、生产总值、科学技术支出、房地产开发投资等16个自变量，α表示当期自变量对应的相关系数。

二、影响因素分析

本书利用STATA来计算并推断各变量间的总体相关系数，并对相关系数的显著性进行检验，根据皮尔逊相关系数检验可得，各变量与律师事务所数量的相关关系通过了显著性检验，呈现出1%的置信水平下显著正相关关系，这说明各变量对因变量律师事务所数量产生不同程度的显著正向影响。按照相关性强弱程度划分，相关系数介于0.8～1.0，表示变量间存在极强的相关关系；相关系数介于0.6～0.8，表示强相关关系；相关系数介于0.4～0.6，表示中度相关关系；相关系数介于0.2～0.4，表示弱相关关系；相关系数介于0～0.2，表示极弱相关关系。

由表6－8可看出，生产总值、城乡居民储蓄余额、就业人员数、金融业从业人员数、科学技术支出、房地产开发投资6个变量与因变量律师事务所数量存在极强的相关关系，专利授权量、民用航空客运量、城市行政级别等3个变量与因变量律师事务所数量存在强相关关系，说明城市的市场规模包括：经济规模总量和拥有工作、对律师服务存在较大需求潜力的群体的规模，以及高端律师服务市场规模等，对于境内律师事务所的空间布局具有较大的吸引力。

表6－8　　　　皮尔逊相关性检验结果（当期）

变量	律师事务所数量	相关性强弱程度划分
金融业从业人员数	0.9625***	极强相关
就业人员数	0.9077***	
城乡居民储蓄余额	0.9073***	

续表

变量	律师事务所数量	相关性强弱程度划分
生产总值	0.8582 ***	极强相关
科学技术支出	0.8418 ***	
房地产开发投资	0.8384 ***	
专利授权量	0.7734 ***	强相关
民用航空客运量	0.7221 ***	
城市行政级别	0.6436 ***	
固定资产投资	0.5661 ***	
规模以上工业企业数	0.5271 ***	中度相关
外商投资企业数	0.5014 ***	
户籍人口数	0.463 ***	
人均 GDP	0.4067 ***	
在岗职工平均工资	0.3463 ***	弱相关

注：*** 表示在 1% 的置信水平下显著。
资料来源：数据结果源于 STATA 软件分析。

固定资产投资、规模以上工业企业数、外商投资企业数、户籍人口数、人均 GDP5 个变量与因变量律师事务所数量存在中度相关关系；在岗职工平均工资与因变量律师事务所数量存在弱相关关系，说明企业数量对于律师事务所的空间布局存在一定的影响力，但目前为止并不是特别明显，这主要源于当前国内许多企业的法治观念不强，对于成本投入主要用于生产和研发，对于运用市场化的法律服务来防范企业的法律风险，以及维护企业自身权益的意愿不强。此外，规模以上企业中，一部分国有企业和大型民营企业拥有自己的法务部门，对于外部律师服务的需求相对较小。外商投资企业在寻求法务咨询时，在非必需的情况下，也大多会选择境外律师事务所在中国境内开设的代表处，利用其在全球强大的法律服务网络，可享受全球范围的法律服务。随着我国各级公共法律服务的日益完善，政府提供的公益法律服务基本能满足居民的日常法律需求，加之公众对质量更高、价格也更高的市场化律师服务的认知并未随着国内经济发展和收入增长而相应更新，在购买市场化律师服务时的意愿也并不强烈。

为进一步探究因变量律师事务所数量与各自变量间的关系，研究将因变量律师事务所数量做滞后一期处理后，再与各自变量进行相关性检验，其模型如下：

$$Layers_{enterprises,t+1} = \alpha VAR_{i,t}$$

其中，$Layers_{enterprises,t+1}$表示律师事务所数量，VAR_i 分别表示金融业从业人员数、就业人员数、城乡居民储蓄余额、生产总值、科学技术支出、房地产开发投资等 15 个自变量，α 表示当期自变量对应的相关系数。

根据表 6 –9 显示，在律师事务所数量滞后一期的情况下，各自变量与因变量间的相关关系仍然通过了显著性检验，呈现出 1% 的置信水平下显著正相关关系，也从侧面佐证了表 6 –8 结果的稳定性。

表 6 –9　　皮尔逊相关性检验结果（滞后一期）

变量	律师事务所数量（滞后一期）	相关性强弱程度划分
金融业从业人员数	0.89 ***	极强相关
就业人员数	0.8753 ***	
城乡居民储蓄余额	0.8485 ***	
生产总值	0.8103 ***	
房地产开发投资	0.7929 ***	强相关
科学技术支出	0.7803 ***	
专利授权量	0.7282 ***	
民用航空客运量	0.6726 ***	
城市行政级别	0.6529 ***	
固定资产投资	0.5475 ***	中度相关
规模以上工业企业数	0.5382 ***	

续表

变量	律师事务所数量（滞后一期）	相关性强弱程度划分
外商投资企业数	0.5003 ***	中度相关
户籍人口数	0.4439 ***	
人均 GDP	0.3964 ***	弱相关
在岗职工平均工资	0.3159 ***	

注：*** 表示在1%的置信水平下显著。
资料来源：数据结果源于 STATA 软件分析。

第五节　本章小结

当前，我国律师服务业正在加速发展，行业规模不断扩大，行业结构日益优化，律师服务的空间覆盖面不断扩大，空间集聚性不断增强。在此背景下，我国律师服务的空间覆盖度不断提高，其中，沿海各省份的空间集聚度进一步增强，内陆各省份的空间覆盖程度持续提升，特别是一些经济落后地区和西北各省份，早期律师服务空白的状态开始得到填补。在此基础上，我国律师服务联系网络由早期的两两城市之间的联系逐渐成网，形成以北京市和上海市等全国性中心城市，以及以省会城市等区域性中心城市为核心的轴—辐骨干网络，并在此基础上不断强化、成网和完善。

我国律师事务所的空间布局主要考虑目标城市的市场规模，包括：城市的经济总量、人口总量、高端律师服务市场规模等。此外，城市的行政等级越高，对于律师事务所的吸引力也越大。相比之下，规模以上企业数量，以及居民收入水平与律师事务所空间布局的关联性相对较弱。

广州市作为国内三大律师服务集中区域之一、珠三角地区的核心城市之一，其律师服务业的发展保持国内城市第 3 位的位置，虽然与北京市和上海市之间的差距较大，但足以体现广州市在我国律师服务业发展中的重要性。此外，虽然广州市作为中国传统的法律服务强市，但在对区域外律师事务所的吸引力方面，逐渐被深圳市所赶超，目前位列深圳市、北京市和上海市之后，这在一定程度上也体现了广州市律师服务业和律师服务消费市场发展的活力有所欠缺。

第七章
广州市律师服务业空间扩展与动因分析

第一节 广州市律师服务业的全球扩展

根据广州市律师协会公布的数据，截至2020年底，广州市共有11家律师事务所在境外设立了17家分支机构。研究通过对相关律师事务所网站公布的境外分所简介，并结合对相关律师事务所的访谈资料，作为本章广州市律师服务业全球扩展分析的基础。

一、广州市律师事务所全球扩展的方式

1. 自主设立分支机构

虽然从境外分支机构数量上来看，广州市律师事务所的全球联系网络还有待进一步拓展，但广州市律师事务所“走出去”的时间较早。早在1997年，广州金鹏律师事务所就在美国的洛杉矶设立了办事处，成为广

州市第一家“走出去”的律师事务所，也是国内最早在美国洛杉矶设立办事处的律师事务所。广信君达律师事务所也于2016年在日本东京成立了其境外第一家分所，并可在日本开展本地相关法律业务。

专栏2：广信君达律师事务所东京分所

广信君达律师事务所东京分所成立于2016年5月，办公地点位于东京都港区西新桥，服务领域涉及公司法、劳动法、知识产权、国际贸易、公平交易及反垄断、诉讼、仲裁及争议解决、个人业务等，广信君达东京分所依托于广信君达与中国国内各地政府机关、中日两国的律师事务所、会计师事务所等的良好合作关系，能迅速应对中国个人、企业对日投资和日本企业对中国投资的各种需求，同时促进在华日资企业与其日本本社之间在法务方面的顺畅沟通，在日本及时地提供中国法律方面的解释分析，促进中日两国经济交流和发展。

广信君达律师事务所东京分所由广信君达广州总部高级合伙人、管委会成员陈伟雄律师主持成立并担任分所主任，陈伟雄律师于2016年3月获得日本外国法事务律师资格，由此可在日本进行中国法律相关的法律事务，并可开展日本法律相关业务，使广信君达成为有数的在日本设立分支机构的中国律师事务所。

资料来源：广信君达律师事务所官网．广信君达东京分所开业典礼隆重举行［EB/OL］．（2016－5－23）［2020－5－10］．http：//www. etrlawfirm. com/cn/xwzx/info_72. aspx？itemid＝7651.

当然，广州律师事务所“走出去”设立分支机构也并非都是一蹴而就的，更多的是像金鹏律师事务所东京分所一样，是一个渐进的过程，即先成立非营业的办公室或代表处，待时机成熟，再将其升格为可正式开展业务的分支机构。

> 我们走出去后，会遇到不同的法系的区别以及工作许可的问题，所以我们现在开境外办事处是分三步走的方式：第一步，开办事处，主要是做联络和推广；第二步，我们会派年轻的律师到当地去交流学习；第三步我们在当地拿到律师执照，并且我们熟悉了当地的律师规范以后，我们会正式设立办事处。
>
> ——JP 律师事务所

2. 设立境外办公室并与境外机构合作

通过设立境外办公室，作为广州市律师事务所在境外的联络处，与此同时，与办公室所在城市的东道国律师事务所签订战略合作协议，促进双方律师事务所更好地在两国（地区）开展业务。如金鹏律师事务所 2019 年分别于澳大利亚墨尔本和悉尼开设了其在南半球的第 1 家和第 2 家办事处，同时与澳大利亚罗吉 - 史密斯拉尼恩律师事务所（Logie - Smith Lanyon Lawyers，LSL）和大承资本（Dysin Investment Partners）等签署战略合作协议，以抓住“一带一路”倡议和粤港澳大湾区建设的契机，促进双方的跨国业务合作。

专栏 3：金鹏律师事务所成立墨尔本和悉尼办事处并与澳大利亚律师事务所签署战略合作协议

2019 年 9 月 15 日，在墨尔本 CBD 商务区写字楼，金鹏墨尔本办事处举行了开业仪式并与 Logie - Smith Lanyon Lawyers 律师事务所、大承资本

（Dysin Investment Partners）签署战略合作协议。墨尔本是澳大利亚第二大城市，也是澳洲文化、工业中心，素有澳大利亚文化之都的美誉，连续多年被评为“全球最适合人类居住的城市”。墨尔本办事处是金鹏在澳大利亚，也是在南半球成立的第一家办事处。墨尔本所在的维多利亚州已于2018年10月与中国达成“一带一路”协议，成为澳大利亚第一个正式支持“一带一路”倡议的州政府。金鹏墨尔本办事处设立的目的在于发挥中澳法律、商贸交流的窗口作用，为今后澳大利亚能有更多地区认同和支持“一带一路”发展倡议，与中国及其他国家和地区共同构建利益共同体、命运共同体和责任共同体贡献一份力量。

同年，金鹏律师事务所在澳大利亚悉尼正式挂牌设立办事处，这是金鹏在澳大利亚设立的第二个办事处，与9月15日在墨尔本设立的办事处联袂成为“双子星”机构。同时，金鹏律师事务所悉尼办事处与澳大利亚择富集团、金颂淋集团签署战略合作协议。悉尼是澳大利亚面积最大、人口最多的城市，拥有高度发达的金融业、制造业和旅游业，是世界知名的国际大都市，被誉为南半球的“纽约”，长期被联合国评为全球最宜居城市之一，宜人的自然环境以及充满机遇的投资环境吸引了大批中国投资者和移民纷至沓来。金鹏悉尼办事处的成立，能够为走进澳大利亚的中国企业和公民提供所需的支持和服务，有效维护中国企业和公民在海外的合法权益，并在悉尼当地积极宣传和推广“一带一路”倡议及粤港澳大湾区发展规划，为推动中澳友好合作发展，共同构建利益共同体、命运共同体和责任共同体贡献一份力量。

资料来源：金鹏律师事务所，走出去｜“携手金鹏，走进澳洲”热烈庆祝金鹏墨尔本办事处正式成立［EB/OL］.（2019－9－30）［2020－7－9］. http：//www. king-pound. com/newsshow. php？ cid＝10&id＝950.

3. 与境外律师事务所开展合作

通过与境外律师事务所之间开展合作，彼此作为对方在各自东道国（地区）的分支联络机构，共享相关业务和信息，也是当前广州市律师事务所“走出去”的方式之一。如广信君达律师事务所在美国洛杉矶的分支机构，就是通过与洛杉矶庞飞律师事务所（Law Offices of Fei Pang）开展业务合作来实现的，庞飞律师事务所成为广信君达律师事务所在洛杉矶的联络办公机构，同时，广信君达律师事务所也作为庞飞律师事务所在广州市的办事处，两家律师事务所互派律师，并且共享业务，洛杉矶办公室共同合作开展中美之间的跨国业务。

4. 成立联营所

改革开放后，由于我国香港和澳门地区与珠三角内地城市之间的密切经济和社会联系，以香港律师事务所为主的港澳律师事务所开始在珠三角内地城市设立办事处。但由于中国内地（大陆）尚未对包括港澳台律师事务所在内的境外律师事务所完全开放，此类律师事务所尚不能在中国内地（大陆）单独设立可以开展业务的分支机构。随着港澳与珠三角内地城市之间联系的日益密切，我国开始探索它们之间的跨境律师服务的合作。2003 年，内地分别与香港和澳门特区政府签订了《内地与香港关于建立更紧密经贸关系的安排》，并在此框架下，司法部于 2003 年颁布《香港特别行政区和澳门特别行政区律师事务所与内地律师事务所联营管理办法》，此后进行了数次修改。2015 年 7 月 21 日，广州首家粤港合伙联营律师事务所——国信信扬麦家荣（南沙）联营律师事务所在广州市南沙区挂牌成立并正式开业。2019 年，国务院印发实施的《粤港澳大湾区发展规划纲要》，进一步推动了粤港澳律师事务所联营的发展。截至目前，广州市有穗港合伙联营律师事务所 3 家、穗港澳合伙联营律师事务所 1 家。

专栏4：金桥百信司徒维新邝玉球（南沙）联营律师事务所

金桥百信司徒维新邝玉球（南沙）联营律师事务所是广州市第1家粤港澳3方联营律师事务所，于2020年1月由广东省司法厅批准设立。该所由广东金桥百信律师事务所、香港司徒维新律师行、澳门邝玉球律师事务所共同出资、共同管理运营，办公室设在广州市南沙自贸区。联营所的成立形式方面，金桥百信律师事务所所占股权为51%，香港和澳门各一家律师事务所都是以所的名义进行投资的，目前，共有拥有执业律师5人。联营所依托粤港澳大湾区及广东自贸试验区政策，重点发展和提供国际贸易、国际金融、跨境投融资、贸易物流、知识财产权、电子商务、新兴产业等领域的法律服务。联营所将重点突出跨境专业优势，加强内地与港澳律师间的合作。这一创举对于探索规范化、规模化、专业化、品牌化和国际化发展道路，推进大湾区及广东自贸试验区市场化、法治化、国际化营商环境有着重要的意义。

资料来源：笔者根据对相关律师事务所访谈资料整理而得。

5. 加入国际律师事务所联盟

在广州律师事务所“走出去”的过程中，一部分实力较强的律师事务所通过合并境外律师事务所或自主设立分所等形式，拓展一体化的全球分支机构网络。而对于更多的中小型律师事务所而言，通过加入国际律师事务所联盟的形式来学习国际上律师事务所有价值的经验和整合全球资源，是其业务全球化扩张的一个较为可行的策略。

通过加入国际性律师事务所联盟的形式来实施全球化战略，能够保持律师事务所的独立性，不必面临是否被大型律师事务所吞并的选择，也能在避免设立分支机构的风险的同时，保留“走出去”的客户群体。联盟内部的成员所之间在合作上也拥有排他性和灵活性特征。

专栏5：广州市某律师事务所与境外联盟所联合为中外客户提供法律服务

中国的A企业有意去斯洛文尼亚收购一家上市公司，由于该企业不了解斯洛文尼亚当地律师服务，但又了解到德国的律师在斯洛文尼亚律师服务市场上较为知名，故主动找到广州B律师事务所，要求其推荐了解斯洛文尼亚法律服务的德国律师。B律师事务所通过其所加入的国际律师事务所联盟（International Law Frims）的全球网络，找到了相应的德国律师，由德国律师推荐了相应的斯洛文尼亚律师，为A企业提供法律服务。在此次3国律师的协作网络中，B律师事务所作为总协调人，德国律师作为项目的监控人，斯洛文尼亚律师作为项目实际的代理人，三方共同协作，最终圆满完成了该项跨国业务。

资料来源：笔者对相关律师事务所的访谈资料。

二、广州市律师服务业全球扩展的特征与问题

1. 广州市律师服务业全球扩展特征

当前，广州市律师服务“走出去”的水平相对北京市和上海市来说，相对不高，这一方面，源于广州市本土律师事务所的自身规模有限，缺乏

像北京市的大成、金杜、盈科，以及上海市的锦天城这样的超大所；另一方面，广州市 100 人以上的大所数量也有限，律师事务所自身规模的有限性限制了其全球扩展。从空间分布来看，广州市律师事务所的全球扩展的重点区域集中在“一带一路”沿线，特别是东南亚地区，这也与广东省企业对外直接投资和贸易在相关区域的集中有关。同样地，广州市律师事务所在北美地区和澳大利亚地区分支机构的设立，也与广州市与相关地区之间密切的经济和人文联系有关。

我国香港作为境外与广州市投资贸易联系最为紧密的城市，暂时未有广州市的律师事务所在此设立分支机构，这主要是由于香港地区的律师事务所在广州市设立了数量较多的分支机构，这些分支机构虽然不能直接在中国内地直接开展业务，但其通过与在港的母公司之间的联系，可以为在珠三角地区投资的港资企业，以及在香港地区投资的内地企业提供高质量的国际化法律服务。并且，随着穗港澳联营所越来越多的设立，广州市的律师事务所可以通过联营所的形式，间接地为在港的内地企业提供内地法律服务，这也相应降低了广州市律师事务所在港设立分支机构的需求和必要性。

2. 广州市律师事务所全球扩展存在的问题

虽然当前中国律师的全球服务网络在不断扩展，但作为国家重要中心城市的广州市，其本土律师事务所在其中发挥的作用有限，其律师服务的全球化水平与北京市、上海市等城市还存在较大差距，这与广州市律师服务业自身的实力和国际化水平发展有限存在一定关系。广州市作为我国重要的商贸城市，在对外经济联系方面有着深厚的实力；同时，广州市也是“一带一路”沿线重要的节点城市和粤港澳大湾区的核心城市之一，这都为其律师服务业的全球化扩展提供了有利的条件。未来，广州市律师服务业应进一步提升自身实力和国际化水平，抓住“一带一路”倡议和粤港澳大湾区建设的良好契机，更好、更快地“走出去”。

在涉外法律服务市场层面，涉外法律服务的需求方与供应方之间存在较为严重的信息不对称问题，企业较难获取符合其需求的高素质的涉外律师信息，相应地，涉外律师亦较难知悉具有涉外法律服务需求的企业信息。在提供涉外法律服务的中国涉外律师层面，跨境法律争议发生前，涉外律师对于中国企业跨国投资经营日常事务的参与度有待提升；跨境法律争议解决的过程中，涉外律师的主导性及桥梁沟通作用有待提高；涉外律师与国际同行间的交流与业务合作亦有待加强。

在开展跨国投资经营的中国企业层面，跨境法律争议发生后，由于对东道国司法系统及法律环境不熟悉，且出于成本控制的考虑，中国企业往往倾向于直接聘请东道国律师，而不聘请中国律师。由于语言及文化差异，临时聘请的东道国律师较难与中国企业形成良性互动，并且因地理距离的限制，中国企业自身较难对国外诉讼案件及相关非诉事宜起到密切的监督工作，甚至容易产生信任危机。

第二节　广州市律师服务业的境内扩展

一、广州市律师事务所境内分支机构变化

1997～2019年，广州市共有43家律师事务所在境内25个城市设立了96家分所，其中包括25家市内分所和71家市外分所。从分所数量变化来看，1997～2016年，虽然广州市律师事务所的新设分支机构数量有所起伏，但总体保持平稳增长的态势，并且长期处于低位状态（见图7－1）。2017年后，新设分所数量开始激增。2017年和2018年新设分所数量分别达到16家和20家，较2016年分别增长了2倍和3倍，广州市律师事务所开始进入加速扩展阶段。

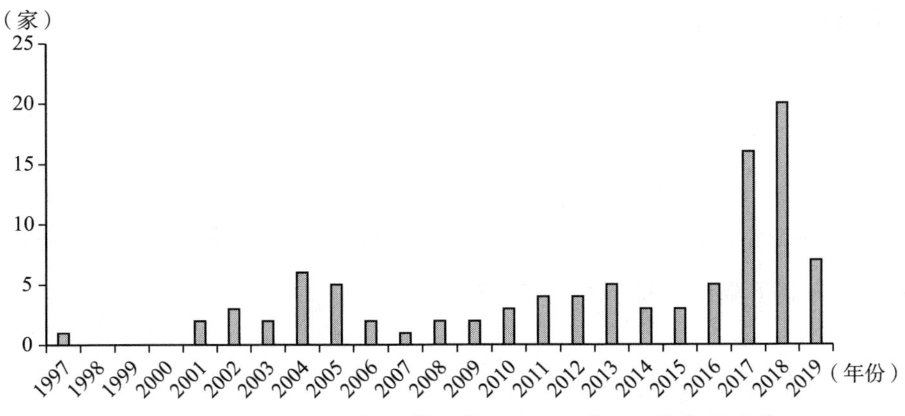

图 7－1　1997～2019 年广州市律师事务所分支机构数量变化

资料来源：根据司法部网站公布数据整理。

2012～2019 年，广州市律师事务所共在广州市内设立分支机构 24 家，分布于 5 个区。其中，以南沙区最多，数量为 10 家，占比达到 41.67%；白云区次之，为 6 家，黄埔区、花都区和荔湾区分别只有 4 家、3 家和 1 家（见图 7－2）。从广州市律师事务所市内分所的空间分布特征来看，除荔湾区外，其他各区处于相对外围的区域。而从广州市律师事务所市内分所的来源来看，这些律师事务所的总部均来自越秀区和天河区等

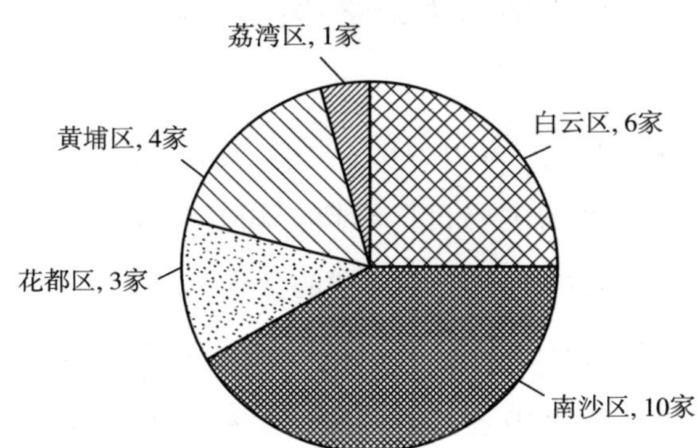

图 7－2　广州市律师事务所市内分所在各区分布情况

资料来源：根据司法部网站公布数据整理。

中心城区，这也在一定程度上反映了广州市律师事务所市内扩展网络的核心、边缘特征。

从广州市律师事务所市外联系变化来看，1997~2019年，广州市律师事务所市外分所数量经历了周期性的波动变化，即1997~2007年、2008~2015年，以及2016~2019年3个时期，新增市外分所数量均经历了由上升到下降的过程（见图7-3）。

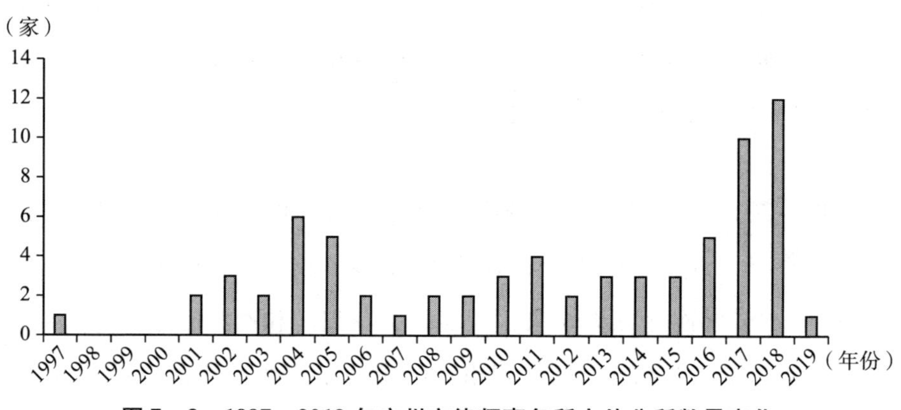

图7-3　1997~2019年广州市律师事务所市外分所数量变化

资料来源：根据司法部网站公布数据整理。

二、广州市律师服务境内网络空间扩展

从广州市律师事务所市外分所的空间变化来看，广东省内城市是广州市律师事务所对外扩展的主要目标城市。2001~2019年，广州市律师事务所分支机构在广东省内的分布由早期的深圳市、东莞市、佛山市、珠海市、中山市和肇庆市等珠三角6市，扩展到广东省内的12个城市，新设省内跨市分所数量也由2001~2007年的12家增加到2016~2019年的21家，增幅为75%，省内分支机构数量占全国分支机构数量的比重也由54.55%增长到77.78%。省内跨市分支机构网络中，深圳市和东莞市是

广州市律师事务所早期扩展的重要目标城市，这也是改革开放后到21世纪初广州市与深圳市和东莞市贸易加工业紧密联系的结果。2008年后，广州市律师事务所的空间扩展范围开始向珠三角地区以外的广东省其他地区扩张，如开始进入阳江市、清远市、云浮市和河源市等广东省内经济发展相对较为滞后的地区。在珠三角地区内部，随着广州市与珠三角地区西岸城市联系的逐渐加深，特别是广州市与佛山市的“广佛一体化”的推进，广州—佛山、广州—珠海等地联系不断得到强化。

广州市律师事务所的省外分支机构拓展方面，早期的主要拓展目标城市为上海市和北京市等核心城市，此外，以海事海商为主要业务的广东敬海律师事务所这一时期在天津市、青岛市和厦门市等国内主要港口城市的扩展，也构成了早期广州市律师事务所省外扩展的重要组成部分。2008年后，广州市的律师事务所跨区域扩展重点关注省内城市和省外空间距离较近的城市，除北京市和上海市仍然是广州市律师事务所省外扩展的主要目标城市，但重要性有所下降。成都市、南宁市、三亚市等城市开始进入广州市律师事务所空间扩展的范围。2016年后，空间临近的特征体现的更为明显，长沙市、武汉市、贵阳市等与广州市空间距离相对较近（见表7－1），且人文、经济联系更为紧密的城市，越来越多地成为广州市律师事务所跨省扩展的目标城市。

表7－1　2001年、2006年、2019年广州市律师事务所境内扩展的联系变化

排名	2001年		2006年		2019年	
	城市对	联系值	城市对	联系值	城市对	联系值
1	广州—北京	1	广州—北京	2	广州—深圳	10
2	广州—深圳	1	广州—东莞	3	广州—东莞	8
3	广州—珠海	1	广州—佛山	1	广州—佛山	8
4	—	—	广州—青岛	1	广州—北京	7

续表

排名	2001 年		2006 年		2019 年	
	城市对	联系值	城市对	联系值	城市对	联系值
5	—	—	广州—厦门	1	广州—上海	5
6	—	—	广州—上海	3	广州—珠海	5
7	—	—	广州—深圳	4	广州—河源	3
8	—	—	广州—天津	1	广州—江门	3
9	—	—	广州—肇庆	1	广州—清远	3
10	—	—	广州—中山	1	广州—阳江	3
11	—	—	广州—珠海	1	广州—惠州	2
12	—	—	—	—	广州—长沙	2
13	—	—	—	—	广州—肇庆	2
14	—	—	—	—	广州—中山	2
15	—	—	—	—	广州—成都	1
16	—	—	—	—	广州—贵阳	1
17	—	—	—	—	广州—南宁	1
18	—	—	—	—	广州—青岛	1
19	—	—	—	—	广州—三亚	1
20	—	—	—	—	广州—厦门	1
21	—	—	—	—	广州—汕头	1
22	—	—	—	—	广州—太原	1
23	—	—	—	—	广州—天津	1
24	—	—	—	—	广州—武汉	1
25	—	—	—	—	广州—云浮	1

注：每个城市对中，前面的城市是联系发出的城市，后面的城市是联系接收的城市。
资料来源：根据司法部网站公布数据整理。

第三节　广州市律师服务业的区域扩展

一、广州市律师事务所区域发展趋势

前文分析显示，广州市律师服务业的空间扩展主要集中于以珠三角地区为主的广东省内。从广东省律师事务所的空间分布特征来看，全省律师事务所中，有 81.95% 的律师事务所集中在包括广州市、深圳市、珠海市、佛山市、惠州市、东莞市、中山市、江门市和肇庆市在内的 9 个珠三角城市，而从广州市律师事务所的区域联系来看，广州市律师事务所在广东省内设立的 91 家分所中，84.61% 分布在珠三角 9 市。而广东省内及我国港澳律师事务所在广州市设立的 71 家分支机构中，有 68 家来自珠三角 9 市和香港地区，占比达到 95.77%；除去香港律师事务所在广州市设立的代表机构，珠三角 9 市的律师事务所在广州市设立的分支机构①数量，占广东省内律师事务所在广州市所设分支机构数量的比重也达到 94.23%。这些都充分说明了粤港澳大湾区（以下简称"大湾区"）内城市之间的联系的紧密型，以及大湾区内的联系对于广州市区域性法律服务联系的重要性。因此，本章关于广州市律师服务业区域扩展的分析，主要聚焦于大湾区。

大湾区内的珠三角地区现代律师事务所的发展始于 1981 年，其律师行业发展历程与广州市的律师行业发展特征高度相似。1981 ~ 1992 年，

① 包括广州市本土律师事务所在广州市内设立的分所。

大湾区律师行业发展基本处于空白阶段，截至 1992 年，大湾区内的珠三角 9 市仅有 13 家律师事务所，年均新增律师事务所数量不到 2 家（见图 7 -4）。1993 年后，该区域的律师服务业才开始有所发展，1993 ~ 1999 年，珠三角 9 市年均新增律师事务所数量上升到 35 家，较上一阶段有了大幅提升。2000 年后，年均新增律师事务所数量进一步提升，2000 ~ 2008 年，年均新增律师事务所数量达到 72 家，是上一阶段的 2 倍。2009 ~ 2014 年，年均新增律师事务所数量进一步提升到 120 家。2015 年后，进入快速增长阶段，2015 ~ 2020 年的年均新增律师事务所数量达到 210 家。可见，大湾区的律师服务业也在经历不断加速增长的趋势。

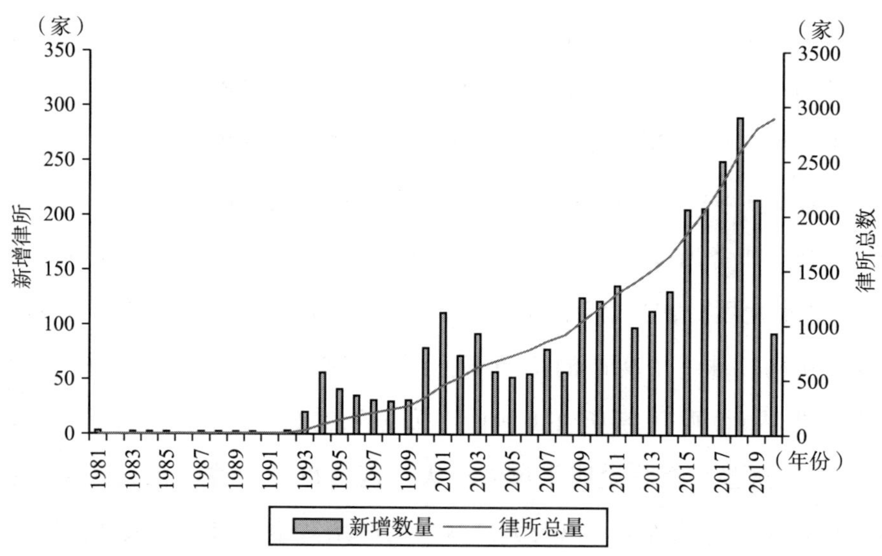

图 7 -4　1981 ~ 2020 年粤港澳大湾区（珠三角 9 市）律师事务所数量变化①

从广州市律师服务行业的区域联系变化来看，2000 年前，广州市的

① 资料来源：根据司法部公布数据与各城市统计数据整理绘制，2020 年数据更新至 2020 年 7 月 15 日，其余统计数据不再赘述。

本土律师事务所主要实行本地化经营策略，仅在珠海市设有 1 家分支机构。2001 年后，广州市的律师事务所开始进行空间扩张，但 2001 ~ 2016 年，扩张速度仍然较缓，年均新增分支机构数量仅有 1 家。2017 年后，广州市律师事务所的区域扩张开始加速，2017 ~ 2020 年，年均新增对外分支机构 13 家，较前一时期有了大幅增长（见图 7 – 5）。

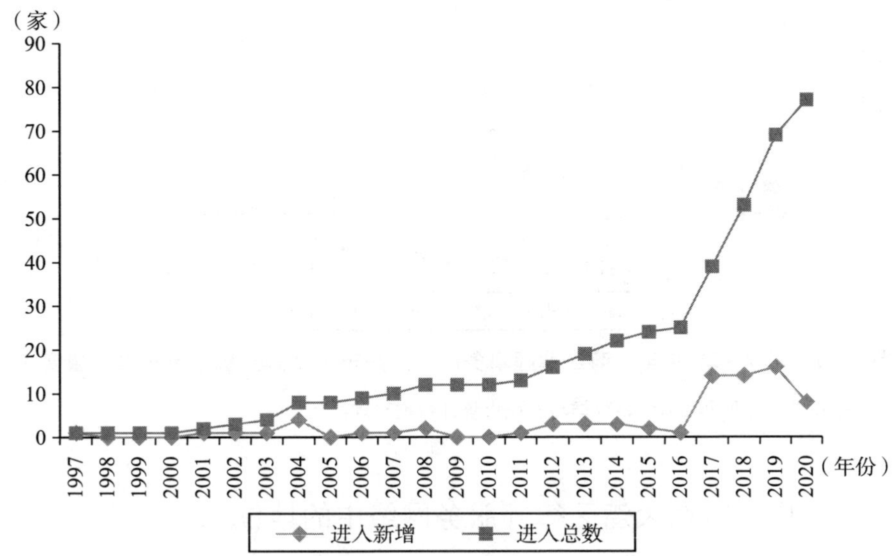

图 7 – 5　1997 ~ 2020 年广州市律师事务所在大湾区城市新设分支机构及机构总量变化

资料来源：根据司法部公布数据与各城市统计数据整理绘制。

在律师事务所的“引进来”方面，早在 1992 年，就有香港律师事务所在广州市设立代表处。虽然 2007 年前，广州市已有 13 家来自大湾区律师事务所的分支机构，但均为香港律师事务所设立的代表处，直至 2008 年，才有深圳市的律师事务所在广州市设立第一家来自珠三角 9 市律师事务所的分支机构。从分支机构的数量变化来看，2017 年前均处于平稳增长的状态，年均新增外来分支机构数量与新增对外分支机构数量较为相似，均为 1 家。2017 年后开始加速增长，2017 ~ 2020 年，年均新增对外分支机构数量超过 9 家（见图 7 –6）。

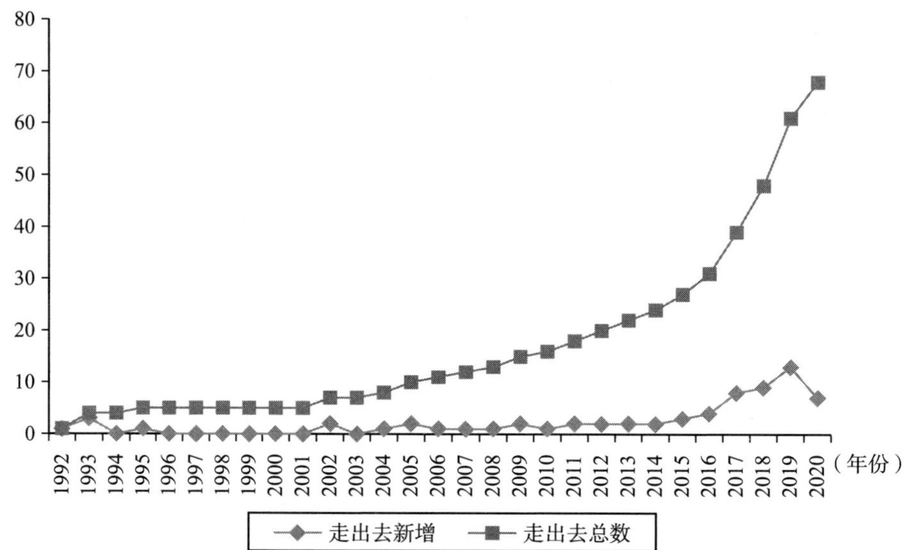

图 7 –6　1992 ~2020 年大湾区律师事务所在广州市新设分支机构及机构总量变化

资料来源：根据司法部公布数据与各城市统计数据整理绘制。

二、广州市在大湾区律师服务网络中的地位

2000 年前，大湾区内的跨区域律师事务所分支机构设置较少，主要的异地分支机构来自我国香港地区。这一时期，香港律师事务所在珠三角地区设立的 6 家代表处集中在广州市和深圳市，其中，广州市越秀区 3 家，广州市天河区、深圳市福田区及深圳市罗湖区各 1 家。此外，总部位于广州市的广东大同律师事务所于 1997 年在珠海市设立分所，成为珠三角 9 市之间最早的律师事务所跨区域分支机构，也是这一时期珠三角 9 市之间唯一的律师事务所跨区域分支机构。可见 21 世纪前，广州市不论是在吸引外来机构还是机构对外扩展方面，在珠三角 9 市中都处于核心和领先地位。

2000 年后，大湾区内的律师事务所跨区域联系开始增强。香港律师事务所进入珠三角 9 市的进程进一步加快，截至 2008 年，香港律师事务所在珠三角 9 市设立的代表处增加到 15 家，集中于广州市和深圳市，其中，广州市越秀区和天河区仍然是这一时期香港律师事务所在珠三角地区设立分支机构的首选地，其拥有的香港律师事务所代表处分别为 6 家和 5 家；深圳市福田区的香港律师事务所代表处数量也增长到 3 家。与此同时，珠三角 9 市之间的律师事务所区域内分支机构也开始扩展。其中，广州市作为这一时期广东省律师服务业发展的领先城市，在律师事务所的区域扩张方面也领先其他城市。2008 年前，珠三角 9 市之间的 20 家区域内分支机构中，有 13 家来自广州市，其中，10 家分支机构的总部均位于广州市天河区，3 家来自越秀区；广州市律师事务所的分支机构中，3 家设立在深圳市福田区，3 家设立在东莞市，佛山市、珠海市、中山市和肇庆市等地也均设有分支机构。如深圳市的律师事务所在广州市和珠海市、佛山市的律师事务所在江门市、惠州市的律师事务所在深圳市和惠州市内，以及中山的律师事务所在市内等，均开始设立分支机构。从律师事务所区域内分支机构设立的空间特征来看，除穗港深 3 市之间分支机构的设立外，其他城市律师事务所分支机构选址以市内和邻近的市为主，即早期律师事务所区域内分支机构设立的空间临近性特征较为显著。

2009 年后，大湾区内的律师事务所分支机构数量进一步增长，截至 2014 年底，区域内分支机构数量增长到 71 家，是 2009 年前的 2 倍。其中，香港律师事务所在珠三角 9 市的代表处数量增长到 20 家，新增的代表处主要位于深圳市前海区和罗湖区。珠三角 9 市中，广州市和深圳市仍然是联系最紧密的城市，其中，广州市的律师事务所在深圳市设立分支机构 7 家，深圳市的律师事务所在广州市设立分支机构 5 家。此外，广州—东莞、广州—佛山、广州—珠海、广州—中山、深圳—珠海等城市间的律所联系也不断紧密。城市内部联系中，2014 年前，深圳市的律师事务所在城市内的联系最为紧密，广州市次之。

2015 年后，大湾区内的律师事务所联系开始快速增长，联系数量增长至 233 家，是 2014 年底的 3 倍有余。一方面，自内地与港澳签署《内地与香港关于建立更紧密经贸关系的安排》《内地与澳门关于建立更紧密经贸关系的安排》（简称 CEPA）后，内地与港澳的经贸领域合作越来越密切，不同种类的法律服务需求也日益增长，它们在适用的法律体系上的差异，为其律师事务合作提供了需求和机遇。在 2012 年司法部通过的《司法部关于修改〈香港特别行政区和澳门特别行政区律师事务所与内地律师事务所联营管理办法〉的决定》基础上，广东省司法厅于 2014 年出台了《广东省司法厅关于香港特别行政区和澳门特别行政区律师事务所与内地律师事务所在广东省实行合伙联营试行办法》，为联营律师事务所的成立提供了法律依据。2014 年 11 月 13 日，华商林李黎（前海）联营律师事务所在深圳市前海区蛇口自贸区的正式挂牌成立，标志着全国首家内地与香港合伙联营律师事务所的诞生，这是第一家跨法域、跨地域的联营律师事务所。在此背景下，粤港澳之间的律师事务所联系增长迅速，香港地区与广州市、深圳市之间的联系值分别增长到 19 和 14，分别较 2014 年底增长了 58.33% 和 75%。此外，香港与珠海市、佛山市等城市的律师服务联系也在不断强化。除香港外，澳门的律师事务所也通过与内地的律师事务所开设联营所的形式进入内地，并且与广州市、深圳市和珠海市等地都形成了律师事务所服务联系。尽管如此，截至 2020 年，珠三角 9 市与港澳律师事务所之间的联系仍以“引进来”为主，珠三角 9 市的律师事务所向港澳地区的拓展还有待加强。

2015 年以后，珠三角 9 市之间的律师事务所服务联系也进一步增强。广州市在 2015 年前为广东省律师服务辐射和集聚的中心城市；2015 年以后律师服务的区域辐射和吸引能力进一步增强。截至 2020 年，广州市的区域律师服务联系值达到 123，其中，出度值为 54，而重点辐射城市深圳市、佛山市和东莞市的出度值均超过了10，珠海市、惠州市、中山市、江门市和肇庆市等城市受到广州市的辐射度也均有不同程度增长。2020年广州市的入度值也达到43，除来自香港地区的入度值19和澳门地区的入度值1以外，广州市剩下的入度值中，来自深圳市的入度值比重高达65.23%，来自佛山市的入度值占比也达到17.39%，来自其他6个城市的入度值较少。此外，广州市内的律师服务联系值也由2014年的2激增到2020年的26，占广州市区域联系值的比重达到21.14%。

珠三角其他8个城市中，深圳市的区域法律服务联系值也达到109，仅次于广州市。深圳市、广州市、惠州市和佛山市等城市的市内律师事务所服务联系大幅强化，其中，2020年此4市的市内律师事务所服务联系度分别达到43、26、12和5，较2014年有了大幅增长。

第四节　广州市律师服务业空间扩展的动因

一、广州市律师事务所全球扩展的动因

1. 跟随客户“走出去”

“贸易追随型”的全球扩展动因已被证明是包括银行业在内的中国服务企业全球化的主要动因之一，这一动因对于广州市的律师服务业全球化扩展亦然。从广州市律师事务所境外分支机构的空间分布来看，当前以广信君达律师事务所和金鹏律师事务所为主力军的“走出去”律师事务所，其境外分支机构主要分布于广州市对外贸易和投资的重点国家或区域，如粤港澳大湾区的香港地区，东南亚的曼谷、吉隆坡、金边、仰光等城市，

美国的洛杉矶、日本的东京和名古屋，以及加拿大的多伦多等城市。

2. 服务国家发展战略与方向

“一带一路”倡议和粤港澳大湾区建设同属国家重大战略，是我国全球和区域发展方向，对于广州市律师事务所的全球扩展也具有重要的引导和激励作用。广州市的律师事务所与“一带一路”沿线国家或地区的律师事务所开展日益密切的合作，广州市的律师也越来越多地参与“一带一路”建设中涉及的涉外相关业务。

专栏6：ZX律师事务所“一带一路”法律服务案例

广州×××包装机械实业有限公司为广州市某上市公司的子公司，2017年拟与某阿联酋公司在印度古吉拉特邦合作设立合资公司，广东省ZX律师事务所律师作为中方负责律师，为该投资提供全程法律服务，包括但不限于起草、审阅及翻译该项目涉及的合资协议、章程、商标及专利许可合同、投资意向书等法律文件、协助该上市公司与合作方阿联酋公司进行谈判及磋商，以及代表该上市公司与印度当地设立合资公司的经办律师及会计师等进行沟通与协调。

该上市公司作为全球少数几家能够提供饮料包装全面解决方案的设备供应商之一，拟投资约1500万美元，将其自身的专业知识和技术工艺与阿联酋公司的营销技能和在印度当地的实力相结合，在印度合作设立由该上市公司控股经营的合资公司。该上市公司此次在印度设立合资公司，拟将公司商标及专利独家许可给合资公司使用，目的在于开拓并壮大印度及周边市场，最终提高公司品牌在亚洲市场上的知名度和市场占有率。

该项目的启动作为该上市公司重点开拓印度市场作为其亚洲海外市场之一的一个重要开端，对其有着影响深远的意义。因此，ZX所律师作为该项目的中方负责律师，为全面维护中方的投资权益，全程跟进参与其设立合资公司初期筹划准备，并亲自与公司负责人一同前往印度当地与阿联酋公司沟通协商合作条款及章程细则，实地考察设立合资公司及厂房所在地址，与印度当地经办律师、会计师及设立合资公司有关的相关机构等沟通协调，不但为该上市公司提供了法律方面的支持，更在其商业决策和业务运营方面以法律为切入点，提出了独特的见解。

资料来源：根据笔者对相关律师事务所的访谈资料整理。

二、广州市律师服务业境内扩展动因

1. 经济发展水平和产业特征

作为市场化的经营主体，律师事务所始终追求的是效益最大化，因此，市场规模越大，对律师事务所的吸引力也就越高。这个市场规模可能是广义上的，即城市以 GDP 为代表的经济体量和经济增速越大，对律师事务所空间扩展的吸引力也越大。

> 像我们这种主动出击的，好像更看重产业的发展。如果说地区的话，与一个国家的整体的布局有关，可能是一个热点的区域，然后咱们就往这里布个点，铺一个棋子，但是产业应该是一直的一个底线，这个是不变的。
>
> ——JQBX 律师事务所

另外，这个市场规模也可能是狭义上的，即城市在某一业务领域的市场规模，可能成为吸引在相关领域开展重要业务的律师事务所来此布局的核心要素。如三亚市的旅游业带动的房地产市场的繁荣，成为吸引开展房地产相关法律业务的律师事务所来此发展的重要因素。

三亚市其实我们也是刚才说的，就是我们看好这个市场，我们过去投资的三亚市其实也是其中的一个。我们在三亚市主要是房地产业务，在三亚市里面，排在前几位的房地产公司都是我们的客户，包括万科、鲁能全是我们的客户。所以，我们在三亚市有30多个用户团队，在当地可能已经是税务局比较庞大的一个收入。

——JQBX律师事务所

2. 空间邻近性

一般来说，企业在空间扩展的策略选择方面，一般会选择由近及远进行扩展。广州市律师事务所主要选择珠三角地区的城市，特别是珠三角西岸的城市进行空间扩展，就很好地体现了这一特性。

我们的战略布局是希望辐射从珠三角出发，辐射我们整个大湾区，然后在全国一些重点省市布局，然后将来有机会可能再走向海外，是这样子的一个布局情况。那么我们开始设立的时候是围绕着广州市为中心，那么周边比如佛山市、江门市、中山市、肇庆市，远一点的还有个云浮市。除了这5个地区外，目前就深圳市分所还没有设立，但是已经签约了。

——JQBX律师事务所

3. 行业发展的相对优势

一方面，北京市和上海市分别作为中国的政治中心和经济中心，也是中国境内律师服务业发展最为繁荣的城市，这也吸引了境内的主要律师事务所来此布局，此外，更好地接近北京市和上海市的政治、经济资源，以及行业的信息、人才和市场等资源，同时也能通过同行间的相互学习，为自身未来更好的发展积累经验，对于广州市的律师事务所也不例外。另一方面，与北京市和上海市众多的规模化、品牌化和专业化的大型律师事务所相比，广州市的律师事务所的竞争力相对较低，这也在一定程度上使广州市的律师事务所在考虑进入北京市和上海市等中国境内的核心城市时有所顾虑。

虽然与北京市、上海市等境内律师服务核心城市相比，广州市还存在一定的差距，但与境内其他律师服务发展相对较为欠缺的城市相比，广州市却存在一定的优势。正是广州在行业发展上存在的相对优势，使其能够吸引外地律师事务所通过合作或整体并入等方式，主动融入广州市律师事务所的分支机构网络。

> 在外省，我们在长沙市已经设立分所的，目前，我们可能还有分所在山东省的青岛市和烟台市。那么我们觉得很奇怪，为什么这么远的一些律师事务所，他们愿意跟 JQ 合作，成为我们分所当地一些合伙人或当地一些律师，他可能他比较看重的是 JQ 的这种文化和理念，他们认为是比较创新的，跟传统的法律服务市场的传统的律师事务所来说，他们认为有创新之处，从管理方面和从业务方面他们认为存在管理和创新，所以都是主动找过来跟我们谈的。
>
> ——JQBX 律师事务所

4. 特定业务拓展的需要

律师事务所的空间拓展也会考虑总所业务拓展的战略需求。如律师事务所在考虑设立外地分所的城市选择，或者是外地律师事务所的合作或加盟时，相关律师事务所的主营业务是否与其业务相匹配，或形成互补，也是其考虑的一个重要因素。

2001 年改为合伙制之后就马上在上海市、天津市、厦门市、青岛市、香港地区、北京市等各地设立了分所，那么整个分所的地区的分布正好是从北方一直延伸到东南沿海的港口，因为我们主要是做航运，主要是与航运相关的，所以就是覆盖整个的沿海城市，这是各个分所大概成立的一个时间。

——GZJH 律师事务所

我们专门有战略委员会，战略委员会专门是去“开疆拓土”的，就是跟这些当地的一些律师，以及律师团队这样子去聊，要先聊透，看他们的是不是认同 JQ 的理念，然后再看他们的业务能力、看他们的品格，这些我们都会去做背景调查的，包括比如说他们有没有一些违规的历史，有没有被处罚的记录等这些，就是说从这几方面去考量。然后还有就是这个分所跟我们的业务能不能匹配，就是说跟总所的业务是不是一个互补长短，他们能发挥他们的地缘优势。我们发挥我们的优势，但是一些地方性的所，他们根本不可能有这么多的专业部门，那么我们可以把业务给他们对接，希望实现这种共赢的一种方式。

——JQBX 律师事务所

5. 政策优惠吸引

区域性优惠政策的存在，也可能成为吸引律师事务所空间布局的因素。如律师服务的税收制度方面，我国包括广州市在内的大多数城市实行的是查账征收政策，一定程度上造成了律师事务所税收成本较高。但上海市、杭州市等城市实行的是核定征收政策，相对于查账征收更为合理，在一定程度上降低了当地律师事务所的税收成本。这一税收方面的政策优势也一定程度上吸引了广州市等城市的律师事务所去往“税收洼地”城市开设分所。

三、广州市律师服务业区域空间扩展的动因

1. 城市与区域经济发展水平

区域内城市的经济发展水平，是律师事务所空间布局的首要考虑要素。广州市和深圳市作为大湾区内经济最为发达的城市，必然也是香港律师事务所进入珠三角内地市场的首选目的地。广州市律师事务所空间扩展过程中，深圳市和东莞市作为改革开放后珠三角地区加工贸易业最为发达的城市，自然也最能吸引广州市的律师事务所来此布点。而随着佛山市、中山市、珠海市等城市经济的崛起，这些城市在吸引广州市律师事务所布局方面的吸引力也在不断增强。

2. 产业结构与行业发展水平

律师服务业属于高端服务业，其中，主要面向企业的高端非诉讼服务，服务特定的企业群体，即一般的中小企业在法律咨询的需求和意愿方面，较之规模化企业都相对较弱；并且，在企业类型来看，从事创新、高端服务、高端制造等领域的企业通常也更易产生法律服务需求，以这类企业为主的城市也能够为律师事务所提供更多的业务来源。因此，不同产业构成的城市对于律师事务所的空间扩展的吸引力也存在差异。

广州市律师事务所在“大湾区”城市扩展的区位选择方面，以金融和创新为产业主要特征的深圳市必然成为广州市律师事务所的首选。而随着佛山市、珠海市、中山市和惠州市等区域内“后发城市”经济和产业发展水平的逐渐提升，这些城市对于律师服务的需求也日益提升，相应的也吸引更多的广州市律师事务所来此布局。

对于经济发展相对欠发达的地区，其自身的律师服务业发展也较为有

限，因此虽然这些地区的市场规模有限，但广州市的律师事务所来此设立分支机构，也相应具备一定的优势，这也是吸引部分广州市律师事务所来此发展的因素之一。

3. 空间邻近性

企业在选择空间扩张时，一般会优先选择空间邻近的城市和地区进行布局，律师事务所的区域空间扩张亦如此。空间邻近的城市之间有着更为便捷的交通基础设施联系、更为紧密的经济和人文联系，以及更为相近的社会文化背景，这些都能令律师事务所更加便利地拓展和开展业务。如广州市律师事务所的第一家市外分所就选择布局在了同为珠江西岸的珠海市，从广州市律师事务所的空间扩展演变来看，除经济发展程度较高的深圳外，同为珠江西岸、空间距离更为邻近的佛山市、珠海市、中山市、江门市和肇庆市，在其空间扩展的战略选择中明显有着更为重要的地位，而对于这些城市的律师事务所而言，广州市及珠江西岸的其他城市，也是其跨区域布局的首选地。对于珠江东岸的深圳市、东莞市和惠州市来说亦然。

4. 国家与区域发展政策

政府区域性政策的施行，对于推动律师事务所的空间布局，特别是空间集聚也会产生重要影响。2019 年，中共中央、国务院发布了《粤港澳大湾区发展规划纲要》（以下简称《纲要》），《纲要》提出，要“深化落实内地与香港、澳门关于建立更紧密经贸关系的安排（CEPA）对港澳服务业开放措施，鼓励粤港澳共建专业服务机构，促进会计审计、法律及争议解决服务、管理咨询、检验检测认证、知识产权、建筑及相关工程等专业服务发展”。《纲要》同时还提出，要“打造广州南沙粤港澳全面合作示范区”。2018 年，广东省政府出台了《深化中国（广东）自由贸易试验区制度创新实施意见》，提出要按照“内地法律框架下借鉴引入香港标准规范”的原则，推进南沙粤港深度合作区建设；建设海上丝绸之路法律服务基地，深化粤港澳法律服务业合作，打造公共法律服务高地，联合港澳开展仲裁体制机制创新。

在此背景下，南沙区政府为深化南沙区高端法律服务集聚发展，推动粤港澳法律服务业深度合作，于2020年出台了《广州南沙新区（自贸片区）法律服务集聚区发展扶持办法》，旨在打造公共法律服务高地，联合港澳开展仲裁体制机制创新。南沙区委区政府高度重视法治化营商环境建设，提出打造专业化的法律服务集聚区，深化同港澳地区的服务合作，通过法律服务集聚区建设，进一步提升法治化营商环境的品牌影响力，打造南沙区的特色名片，以法律服务业作为小切口，带动关联高端服务业的集聚发展，逐步形成以市场化为导向的产业集聚区。

这些举措也吸引了更多律师事务所来南沙区布局，当前在南沙区布局的33家律师事务所中，有11家为区外律师事务所来此开设的分所，2家为广州市的律师事务所与香港地区的律师事务所联合设立的联营所。当前，南沙区正在努力打造国际民商事争议解决之都，未来在吸引律师服务机构集聚方面也有望实现快速发展。

第五节　本章小结

广州市律师服务业“走出去”的时间较早，但与国内的北京市和上海市相比，全球扩展的整体水平还相对较低，一方面，这在一定程度上与中国律师服务业全球化的整体水平较低相适应；另一方面，也反映了广州市律师服务业国际化程度的不足，与广州市作为重要的全球商贸城市的地位不相匹配。并且，当前广州市全球扩展方式中，选择自主设立境外分所的形式较少，大多还是与境外律师服务机构合作开展跨国业务，全球扩展在空间上也主要集中于“一带一路”沿线国家和地区。

在境内空间扩展方面，广州市的律师服务业早期选择北京市、上海市等国内核心城市进行布局，但从时间维度上来看，其市外分支机构布局的区位选择中，更青睐空间上更为邻近、经济社会联系更为紧密的珠三角区域内城市，以及南方各省的省会城市。在跨区域分支机构区位选择的考虑方面，除考虑城市经济体量和空间邻近性外，行业发展的相对优势、开展特定业务的需求，以及相关城市政策优惠的吸引等，也存在不同程度的影响。

当前，粤港澳大湾区内已形成了以香港地区、广州市和深圳市为主要律师服务中心的“三足鼎立”的律师服务空间格局，并且 3 个城市各有优势，如香港地区在国际法律服务和国际商事调解等方面处于领先地位；深圳市在金融、知识产权和 IPO 等企业相关法律服务方面较为突出，并且作为国家着力打造的中国特色社会主义制度现行示范区，在发展国际化的律师服务方面也存在一定优势；广州市作为省会城市，律师服务业发展的综合性较好。在区域性律师服务联系方面，也主要以这 3 个城市为主，但广州市与空间上更为邻近的佛山市、珠海市和中山市等城市的律师服务联系也在不断增强。未来，随着粤港澳大湾区的不断融合，广州市与港澳之间的联系将不断加深，如何进一步提升与港澳之间的律师服务合作，也是未来广州市拓展区域律师服务联系的重要方向。

第八章

广州市律师服务时空特征演变及其影响因素

第一节　广州市律师事务所发展的阶段性特征

根据第二章中所涉及的广州市历年新增律师事务所数量变化的周期性特征，以及律师事务所总量的变化趋势，大致可以将广州市律师事务所发展划分为 5 个阶段：1983 ~ 1992 年、1993 ~ 1999 年、2000 ~ 2008 年、2009 ~ 2014 年，以及 2015 ~ 2020 年。

一、1983 ~ 1992 年：过渡阶段

1993 年以前的广州市律师服务业属于“国办所”时期。1988 年广州市举办了第一次律师代表大会，会上成立了广州市律师协会，这也标志着律师行业的社会化改革开始推进。与此同时，1984 年在原有的法律顾问处的基础上，由国家出资设立“国资所”。国资所是我国全面恢复和重建

律师制度后特定历史阶段最早出现的律师业的组织形式，具有较强的“官办”色彩，是特定时期的特殊产物，相应地，这一时期的律师属于“国家法律工作者”①。1988 年，广州市律师协会成立时，广州市共有律师事务所 19 家，法律从业人员 520 人，其中，律师 399 人（包括专职律师 129 人，实习律师 62 人，兼职律师 126 人，特邀律师 82 人）。

二、1993～1999 年：起步阶段

1993 年，党的十四届三中全会将我国的律师组织明确界定为社会主义市场经济体系中的“社会中介服务组织”、律师为“社会法律工作者”，为律师制度的全面改革创造了基础②。1992 年 9 月，广州市司法局出台了《广州市合作制律师事务所试点办法》，并首批了金鹏和万通两家合作制律师事务所成立，拉开了广州市律师事务所市场化改革的序幕。由于合作所因集体所有制性质而导致的一系列弊端，合伙制律师事务所应运而生。相比前两种律师事务所组织形式，合伙所由合伙人、非合伙人律师等双向选择组成，更易于向专业化方向发展，也更加适合日益开放和深化的市场化经济。这一时期，广州市律师业国资所、合作所和合伙所并存，并且逐步形成以合伙制组织形式为主体的新格局，广州市律师业也开始加快发展速度。至 1999 年底，广州市的律师事务所由改革前的 40 多家发展到 88 家，专业律师发展到 700 余人，广州市律师业的规模和专业化程度均有了较大提升。

三、2000～2008 年：初步发展阶段

2000 年以后，广州市的律师制度改革进一步推进。2004 年，广东省

①② 广州市社会科学院课题组．1988—2008 广州律师业发展回顾与展望［C］//李江涛，欧永良，涂成林，等编．广州律师业蓝皮书（1988—2008 广州律师业发展报告）．广州：广东人民出版社，2008：16－17.

司法厅将省直属的78家律师事务所及1900多名律师全部交由广州市管理，2005年，广州市的律师事务所数量增加到250余家，律师人数达到4000余人，约占广东省律师总人数的36%，广州市也成为全国执业律师人数最多的省会城市。2001年，中国加入世贸组织后，广州市的经济保持持续快速增长，也较大程度上推动了广州市律师服务市场的发展，并且不断向规模化、专业化和国际化方向发展。到2008年，广州市律师事务所数量增长到291家，其中，合伙制所271家，占比超过93%，占据绝对主导地位；另外有公职所9家、合作制所3家、个人所2家、法律援助律师事务所6家，广州市律师服务机构的市场化程度已得到了较大改观。

四、2009～2014年：持续发展阶段

2009年以后，广州市律师业保持持续快速增长。2009～2014年，广州市律师事务所数量由357家增长到519家，年均增长率为9.08%。执业律师人数由2009年的6167人增长到2014年的8919人，增幅达到44.62%，年均增长也达到8.92个百分点（见图8－1）。律师业经营方面，虽然2009～2014年广州市的律师业营收规模和人均营业额均有所波动，2010年的行业营收规模和人均营业额较2009年分别减少了9.79亿元和4.98万元，但2010年后，这两项指标总体上仍保持上升的态势，2014年的行业营收规模和人均营业额较2010年分别增长了14.83个百分点和93.28个百分点（见图8－2）。这一时期，广州市的律师业在调整中保持持续发展。

五、2015～2020年：快速发展阶段

2015年以后，广州市的律师业开始加速发展。2019年，律师事务所数量达到770家，较2015年增长了199家；执业律师人数由2015年的8919

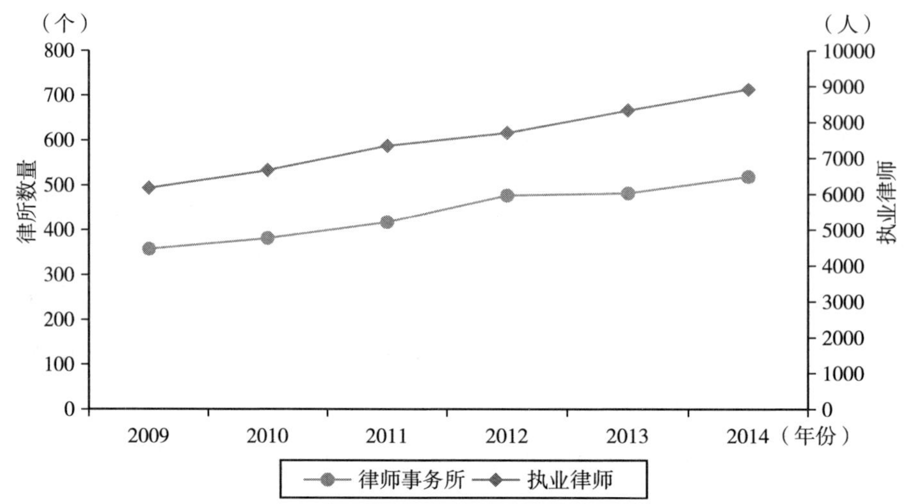

图 8－1　2009～2014 年广州市律师事务所和执业律师变化

资料来源：历年《广州市统计年鉴》数据。

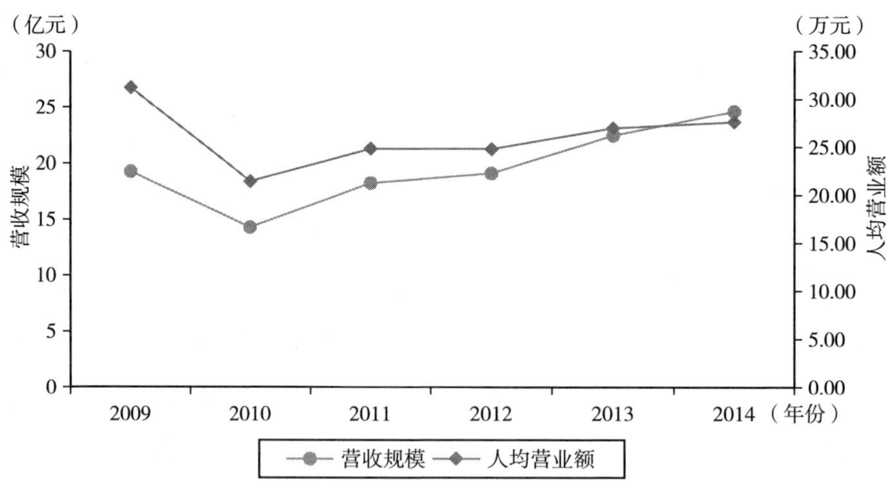

图 8－2　2009～2014 年广州市律师业营收规模和人均营业额变化

资料来源：历年《广州市统计年鉴》数据。

人增长到 2019 年的 15880 人，增幅达到 78.05%（见图 8－3）。业务营收方面，行业营收额由 2015 年的 28.89 亿元增长到 2019 年的 76.3 亿元，增幅达到164.11%，年均增长41.03个百分点；人均营业额也由2015年的29.43万元增长到2019年的47.02万元，增幅达到59.77%（见图8－4）。广州市律师业的发展较之前进一步加快。

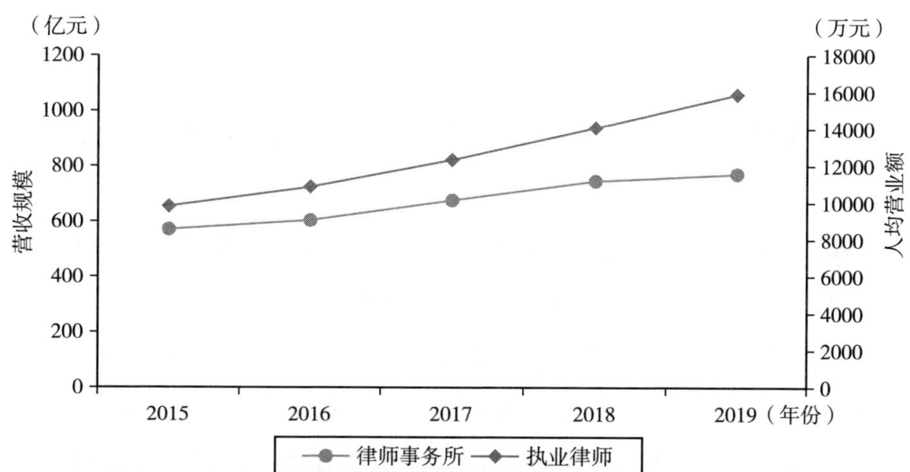

图8－3 2015～2019年广州市律师事务所和执业律师数量变化

资料来源：历年《广州市统计年鉴》数据。

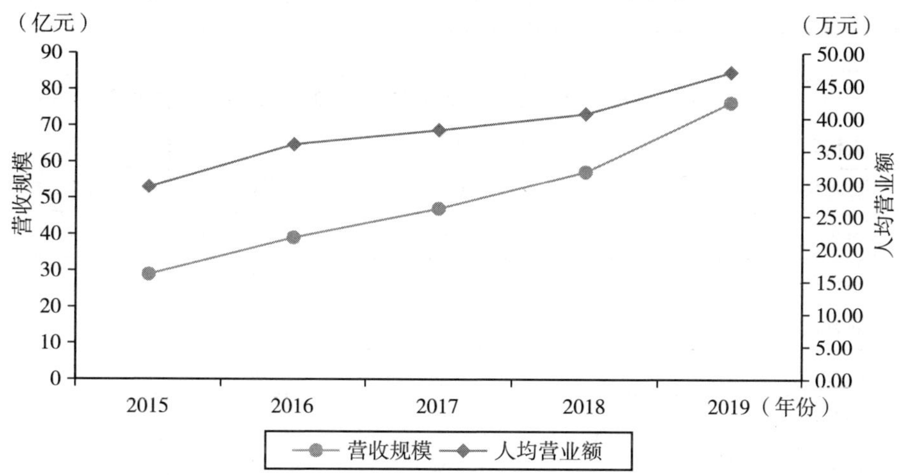

图8－4 2015～2019年广州市律师业营收规模和人均营业额变化

资料来源：历年《广州市统计年鉴》数据。

第二节　广州市律师事务所空间格局演变特征

一、高度集聚于越秀和天河两区，但集聚程度逐渐下降

1983 年以来，广州市的律师事务所空间分布高度集中于越秀区和天河区。1999 年，广州市拥有的 85 家律师事务所中，超过 85% 都集中在越秀区和天河区，其中，越秀区占比达到 51.76%，天河区占比为 34.12%（见表 8－1、表 8－2）。但 2000 年后，新增的律师事务所选址不再高度集中于中心城区，越秀区和天河区律师事务所数量占比由 1999 年的 85.88% 降低到 2020 年的 60.62%，中心城区的空间集聚程度逐渐下降。

表 8－1　1983～2019 年不同阶段广州市各区拥有的律师事务所数量　单位：家

所在区	已存数量			
	1983～1999 年	2000～2008 年	2009～2014 年	2015～2019 年
天河区	29	113	181	297
越秀区	44	107	141	191
番禺区	3	13	36	66
白云区	0	9	22	61
花都区	4	4	15	40
海珠区	2	14	24	35
南沙区	1	3	10	32
增城区	1	8	11	28
黄埔区	1	7	12	27

续表

所在区	已存数量			
	1983～1999 年	2000～2008 年	2009～2014 年	2015～2019 年
荔湾区	0	8	11	18
从化区	0	4	6	10
合计	85	290	469	805

资料来源：根据司法部公布数据整理。

表 8－2　1983～2019 年不同阶段广州市各区拥有律师事务所数量占比　单位：%

所在区	拥有律师事务所数量占比			
	1983～1999 年	2000～2008 年	2009～2014 年	2015～2019 年
天河区	34. 12	38. 97	38. 59	36. 89
越秀区	51. 76	36. 90	30. 06	23. 73
番禺区	3. 53	4. 48	7. 68	8. 20
白云区	0. 00	3. 10	4. 69	7. 58
花都区	4. 71	1. 38	3. 20	4. 97
海珠区	2. 35	4. 83	5. 12	4. 35
南沙区	1. 18	1. 03	2. 13	3. 98
增城区	1. 18	2. 76	2. 35	3. 48
黄埔区	1. 18	2. 41	2. 56	3. 35
荔湾区	0	2. 76	2. 35	2. 24
从化区	0	1. 38	1. 28	1. 24

资料来源：根据司法部公布数据整理。

二、空间布局不断向东部和外围转移

新世纪以来，随着广州市经济发展中心的东移，以及经济活动逐渐向外围城区扩展，律师事务所的空间分布特征也随之发生变化。2000 年前，越秀区作为广东省和广州市重要机构部门所在地，并拥有环市东路这一广州 20 世纪 90 年代最繁华的商业圈和金融圈，政治资源和经济资源的双重优势使之成为当时广州市律师事务所最集中的区。但 20 世纪 90 年代末到 21 世纪初，随着广州市的城市发展中心逐渐由环市东路东移至珠江新城和天河北区，天河区的律师事务所数量增长迅速，并在 2008 年后超过越秀区，成为广州市律师事务所最为集中的区。番禺区、白云区的律师事务所数量增长迅速，数量分别从 1999 年的 3 家和 0 家增长到 2020 年的 66 和 66 家，在全市占比也分别达到 8.2% 和 7.58%，花都区和海珠区的占比也分别达到了 4.97% 和 4.35%。南沙区、增城区、黄埔区、荔湾区和从化区 5 个区占比则相对较少，但近年来增速大多呈加快的趋势（见表 8－3、表 8－4）。

表 8－3　1983～2020 年不同阶段广州市各区新增律师事务所数量　单位：家

所在区	新增数量			
	1983～1999 年	2000～2008 年	2009～2014 年	2015～2020 年
天河区	29	84	68	116
越秀区	44	63	34	50
白云区	0	9	13	39
番禺区	3	10	23	30
花都区	4	0	11	25
南沙区	1	2	7	22
增城区	1	7	3	17
黄埔区	1	6	5	15
海珠区	2	12	10	11
荔湾区	0	8	3	7
从化区	0	4	2	4
合计	85	205	179	336

资料来源：根据司法部公布数据整理。

表 8-4 1983~2020 年不同阶段广州市各区新增律师事务所数量占比 单位：%

所在区	占比			
	1983~1999 年	2000~2008 年	2009~2014 年	2015~2020 年
天河区	34.12	40.98	37.99	34.52
越秀区	51.76	30.73	18.99	14.88
白云区	0.00	4.39	7.26	11.61
番禺区	3.53	4.88	12.85	8.93
花都区	4.71	0.00	6.15	7.44
南沙区	1.18	0.98	3.91	6.55
增城区	1.18	3.41	1.68	5.06
黄埔区	1.18	2.93	2.79	4.46
海珠区	2.35	5.85	5.59	3.27
荔湾区	0	3.90	1.68	2.08
从化区	0	1.95	1.12	1.19

资料来源：根据司法部公布数据整理。

三、空间分布上呈现“双核—一带—多中心”的特征

空间分布上，广州市的律师事务所大体上集中于以越秀区和天河区为主的行政和商务中心区，并且重点集中在解放路以东、广园快速路以南、华南快速干线以西、珠江以北的区域，并且形成了以越秀区省、市政府所在的行政中心和以天河区珠江新城所在的商业中心为“双核”，以及以环市东路、东风路和中山路及其向东延伸至天河路和黄埔大道为“一带”的核心区布局。此外，在南沙区的庆盛、白云区广州律师大厦和白云新城、增城区的荔城和新塘、花都区的花都广场、海珠区的新港路沿线、黄埔区的科学城和区政府周边、番禺区的番禺广场和市桥，以及从化区的区政府周边等，均形成了规模不等的律师事务所小范围集聚区，由此构成了广州市半边缘和边缘区法律服务的“多中心”空间格局。

第三节　广州市律师事务所空间集聚的影响因素

一、经济效益和市场的吸引

律师事务所作为市场化的法律服务机构，追求经济利益是其经营的首要考虑，也是影响其空间布局的最重要因素。一般来说，城市的中央商务区（CBD）汇集了城市最重要的企业和大量的高端商务服务机构，一方面，这些都是律师事务所重要的潜在客户资源，因而也吸引律师事务所来此集聚；另一方面，以知名律师事务所为代表的高端商务服务机构在CBD的集聚，与CBD的发展之间的关系是相互的，知名高端商务服务机构在CBD的集聚，也能为其带来更广泛的知名度和影响力。

大部分律师事务所在选址时都倾向于CBD、金融中心、城市地标性建筑的写字楼和办公楼。根据相关统计，截至2020年8月底，包括盈科总部、盈科成都、大成无锡、汇业西安、康达南京、隆安上海、炜衡福州、福建瀛同、炜衡上海、北京嘉维泰银、隆安昆明、兰迪上海、法德东恒苏州、段和段郑州、邦信阳中建中汇西安、广东名道、万商天勤上海、北京京平、上海靖予霖、湖南通程等近20家律师事务所均将办公室搬迁至当地具有代表性的位置①。

① 律新社．2020年近20家律所搬迁！为何律所纷纷租“高大上”办公楼？［EB/OL］．［2021－4－14］．http：//www.lvxinweb.cn/details/e4090e0a－1236－429f－8bac－666cf991ab91.

二、寻求集聚效应

虽然有些律师事务所会考虑同业竞争，而在入驻时签署排他条款。但随着近年来共享经济、联合办公逐渐成为趋势，更多的律师事务所表示乐意与法律共同体紧密联系，从而形成氛围上的“场”和集群效应。

> 律师事务所永远是跟着CBD“走”的，一方面，将办公地点选在城市经济最繁华的地段、最高的楼宇，可以更好地接近客户资源，也能为律师事务所带来更多的显示度；另一方面，律师事务所布局于城市的CBD，能够最大限度地享受城市经济的集聚效应。比如，多家律师事务所将办公地点设在同一幢大楼中，某位客户在咨询完一家律师事务所后，就会想到，这栋楼里还有其他律师事务所，顺便也去看看，货比三家，这样无形中就给相互之间增加了潜在的业务量。
>
> ——访谈对象：GY律师事务所某律师

资料来源：根据笔者对相关律师事务所的访谈资料整理。

三、追求交通便利性

律师作为高效能人士，效率就是生产力，职业性质决定了开庭、出差、外联客户都是日常，因此，工作地拥有高度的交通通达性，就能更多地解决路上的时间问题，提高工作的效率和效益。并且，工作地点靠近城市主要道路、地铁站等主要交通线路或节点，能最大限度地为潜在的客户提供交通便利性，也能提升律师事务所自身在市场上的显示度，从而获得更多的业务。

四、规模化发展的内在需求

城市的 CBD 是城市的发展中心，大多是新建的空间，能够为律师事务所的规模化发展提供一流的办公空间和设施。人才是律师事务所发展的核心竞争力，选址在城市最繁华的地段，能够为律师事务所提供更为高端的形象和更多的展示机会，从而为律师事务所吸引更多高端人才。

五、行政因素影响

律师服务业的行业特征和业务性质决定了其与政府之间不可避免地存在着千丝万缕的联系，特别是司法部门负责律师事务所、律师事务所分所，以及法律咨询和服务机构设立，律师事务所年检，申领律师执业证及年度注册，律师事务所变更名称、住所、章程、合伙人等重大事项或解散等的审核，属于城市律师工作管理的主导部门。此外，检察机关、公安机关、法院以及仲裁机构等，与律师服务业的业务开展存在着密切联系；而以法官、检察官、律师、法学家为核心的法律职业人员所组成的特殊的社会群体，他们必须经过专门法律教育和职业训练，是具有统一的法律知识背景、模式化思维方式、共同法律语言的知识共同体；他们以从事法律事务为本，是有着共同的职业利益和范围，并努力维护职业共同利益的利益共同体；其成员间通过长期对法治事业的参与和投入，达成了职业伦理共识，是精神上高度统一的信仰共同体，称之为法律职业共同体（张文显，卢学英，2002）。

在空间上，律师事务所与相关政府机构越靠近，越有利于其相互之间开展业务交流。从广州市律师事务所与各级政府，以及公检法司仲裁等相关机构的空间布局的邻近性来看，两类机构在空间上高度相关，广东省政府、广州市政府，以及各区政府，广东省高级人民法院、广州市中级人民法院、广州知识产权法院、广州海事法院、广州铁路运输中级法院、各区法院和广州市互联网法院，广东省司法厅和广州市司法局，广东省人民检察院和广州市人民检察院，广东省公安局和广州市公安局，广州仲裁委员会等的所在地，均是律师事务所集中的地区。特别是在广东省和广州市政府机关高度集中的越秀区，以及白云区、番禺区、花都区、南沙区、增城区和从化区等外围各区，律师事务所集中于政府机关附近的特征体现得尤为明显。

当然，不同主业的律师事务所在区位选址方面，也存在一定的差异。如以刑事辩护为主业的律师事务所，则更倾向于靠近看守所和监狱等。对于这类律师事务所而言，潜在的委托人去看守所和监狱探视要比去公安局、检察院和法院等更为频繁，因而也更有可能为其带来更多的业务。

六、政策规划因素影响

政府的政策和规划是引发律师事务所空间集聚的重要的导向性因素。政府通过法律服务中心的规划定位，引导律师事务所的空间布局。如2019 年，广州市中级人民法院审判业务大楼由越秀区迁往白云区，白云区政府借此机会，在其周边规划了广州法律服务集聚区，并建设了广州律师大厦，目标将其打造为广州市三大法律服务集聚区之一，定位传统和诉讼法律服务，打造粤港澳大湾区多元化法律服务标杆区。广州市法律服务集聚区的建设，也带来了法律服务业的集聚效应，吸引了众多法律服务机构进驻，华商法治营商环境广州研究院、DAYONE 港澳青年智能法律服务基地、“一带一路”律师联盟广州中心等机构，以及广信君达、杰海、谨然等 26 家大中型律师事务所签约进驻广州律师大厦，白云区的注册律师人数和法律服务业年收入也实现大幅增长。2015～2020 年，白云区新增律师事务所27家，仅次于天河区。

2018年8月，广东省政府出台《深化中国（广东）自由贸易试验区制度创新实施意见》，提出要按照“内地法律框架下借鉴引入香港标准规范”的原则，推进南沙粤港深度合作区建设；建设海上丝绸之路法律服务基地，深化粤港澳法律服务业合作，打造公共法律服务高地，联合港澳开展仲裁体制机制创新。2020年，南沙区出台《广州南沙新区（自贸片区）法律服务集聚区发展扶持办法》，推出办公用房补贴、经营贡献奖、专业人才补贴等多项扶持政策，每年扶持金额近千万元。南沙区法律服务集聚区的建设，旨在集聚涉外高端法律服务机构，打造国际商事纠纷化解体系，树立涉外法律服务品牌，推动南沙区打造国际一流的营商环境高地、具有影响力的法律服务高地。这一举措也吸引了包括大湾区海事法律审判中心、大湾区知识产权法律审判中心、大湾区行政法律审判中心、大湾区互联网法律审判中心、大湾区商事和公益诉讼审判中心、大湾区公益诉讼协调指挥中心6个中心，以及南沙区国际仲裁中心及大湾区国际仲裁联盟秘书处、广州市首家域外法查明平台——广州南沙新区（自贸片区）国际法律与商事服务中心、广州南沙新区（自贸片区）法商研究院和业内知名律师事务所、司法鉴定机构等27家高端法律服务机构的落户，南沙区的律师事务所数量也增长明显，特别是涉外法律服务机构、境外律师事务所分支机构，以及粤港澳联营所在此集聚的特征尤为明显。

第四节　本章小结

改革开放以来，广州市的律师服务业发展经历了计划经济时期的国有化到社会主义市场经济时期的市场化的转变，先后经历了过渡、起步、初步发展、持续发展和快速发展5个阶段，规模不断壮大，发展速度日益加快，律师服务加快“走出去”战略，服务企业境外扩展和国家需求，区域合作日益紧密。在空间上，广州市的律师事务所高度集中于行政中心越秀区和经济中心天河区，但近年来开始向外围区域扩展，中心区的集聚度开始有所下降。在外围的番禺区、白云区、南沙区等地区形成了以各区行政中心为核心的局域集聚现象，由此构成了广州市律师服务业“双核——一带—多中心”的空间格局。

广州市律师服务业在市内的空间集聚，一方面，跟随市场和客户在城市CBD和各区发展中心集中布局的结果，同时，律师事务所在空间上的集聚，还能为各自的发展带来集聚效应，如共享便利的交通设施、客户资源、信息资源、办公空间等，空间上的集聚还能增强律师事务所之间的人才和信息交流。另一方面，除经济要素外，靠近政府及公检法司及仲裁等与律师职业和业务开展相关的部门，也是律师事务所空间区位选择的重要考虑因素。此外，政府的政策制定与规划等，对于吸引和引导律师事务所的空间布局和集聚也存在一定影响。

多中心的城市发展结构成为当前城市空间发展的一个重要趋势，广州市的城市空间发展亦如此。但从广州市当前的发展现状来看，以天河区和越秀区为核心的单核发展特征仍比较明显，外围的黄浦区、白云区、番禺区和南沙区等次中心区的发展虽然早已提上广州市多中心发展战略的日程，但经过多年的发展，成效仍然有限，从律师服务业这一经济发展的配套和支持要素的空间布局特征变化上也得到了一定的印证。以律师服务为代表的高端服务业和广州市以高端制造业为引领的经济发展之间相辅相成的关系，优化广州律师服务业的行业构成和空间布局，对于优化广州市经济发展的空间结构，也将发挥重要的支撑作用。

第九章

中国律师服务业空间结构优化与发展的对策建议

——兼论对广州市的思考

第一节　中国律师服务业空间结构优化的对策建议

一、进一步“走出去”拓展全球分支机构网络

1. 加强对“一带一路”沿线国家和地区的布局

从现有研究来看，高级生产性服务公司全球扩展影响下的世界城市网络普遍存在区域性特征，即各城市与其地理空间上较为邻近的城市普遍联系较为紧密。中资律师事务所影响下的世界城市网络中，虽然北美和西欧地区的全球联系在一定程度上领先其他地区，但西亚、东欧、中亚等“一带一路”沿线地区和非洲等欠发达地区也表现出了较强的全球联系。而与

中国内地（大陆）空间距离较近、经济联系也较为紧密的亚太地区，除中国香港、新加坡、中国台北等少数核心城市外，其全球联系总体来看较弱，甚至低于上述区域。这在一定程度上与中资企业在这些地区的法律服务需求较大，以及西方国家法制体系发展较为完善有关。随着中资企业在东南亚，以及其他“一带一路”沿线投资量的增加，未来这些地区对于法律咨询服务的需求量也将大幅增加。中资律师事务所应主动走出去，提前在这些区域布局，为中资企业“走出去”提供全面、专业的法律信息服务。

2. 加强与欧美律所之间的合作

欧美国家的律师服务业发展早、专业化程度高、全球业务开展也相对较为广泛，特别是老牌的律师事务所，相较于中国国内的律师事务所而言，普遍存在一定的优势。因此，中国有实力的律师服务业可以更多地通过收购境外律师事务所，或者与境外律师事务所进行战略性合并等方式，获得或共享境外律师事务所已有的全球分支机构网络，快捷、高效地拓展全球服务网络。

3. 加入全球知名律师事务所联盟

加入全球性律师事务所联盟，是当前国际上律师事务所，特别是规模较小、综合实力相对较弱的中小型律师事务所抱团取暖、开展国际业务的重要方式之一，也是当前中国律师事务所拓展全球业务的重要选择途径。对于中国数量众多的中小型律师事务所而言，通过加入全球性律师事务所联盟，是其拓展全球市场、参与全球竞争的重要性和可行性较高的途径之一。

二、持续拓展国内律师业对外开放的广度和深度

由于律师服务业的行业敏感性，境外律师目前还不能直接参与中国境内的诉讼活动及从事涉及中国法律事务的活动。即便如此，境外律师事务所仍然能为中国境内企业提供涉及境外法律，以及国际条约和国际惯例等的咨

询。并且在上海市自贸区等中国境内特定区域，也在逐步开展外国律师事务所与中国律师事务所合作的新方式。在此基础上，国内律师服务业可探索在涉外法律服务业务方面进一步对外国及中国港澳台地区投资律师事务所开放。在现有的粤港澳联营所试点的基础上，进一步探索设立中外联营所，并扩大试点的空间范围。推动外籍律师以顾问的形式，加盟中国律师事务所，并在自贸区等特定范围内，探索外国及中国港澳台地区投资律师以合伙人的身份加入中国律师事务所，以吸引更多优秀的外籍律师来华开展业务。

三、加强中西部地区律师服务业发展

针对当前中西部地区经济发展基础相对较弱，律师服务机构相对欠缺、高端律师人才相对不足的问题，加强律师人才的培养和培训，健全律师事务所的管理体制，在税收上为律师事务所和律师群体提供一定优惠等，对中西部偏远地区律师事务所新招收的应届法学专业毕业生，在律师协会会费上进行减免，以及提供相应补助等，鼓励广大青年律师从业者去中西部地区发展。加强中西部地区之间的交流与合作，构建中西部地区律师交流平台，促进区域内律师事务所之间的联动发展。鼓励中西部地区律师事务所通过合并、成立律师联盟等方式，做强做大。此外，充分发挥中西部地区在陆上丝绸之路空间连接方面的优势，加强西北地区律师事务所与陆上丝绸之路沿线国家律师同行之间的交流和联系，鼓励和推动中国律师事务所与沿线国家和地区律师事务所之间的合作，共同服务于中外双方之间的经济交流。

四、鼓励和推动律师事务所跨区域经营

鼓励中国境内律师事务所跨区域经营，特别是沿海城市有实力的大型

律师事务所向中西部地区律师服务相对较为欠缺的地区开设分支机构，对相关律师事务所在中西部地区经济和律师服务发展较为欠缺的地区设立的分支机构，给予相应补贴和税收减免。推动国内律师事务所通过合并或成立律师服务联盟等形式，开展跨区域合作，拓展全国性的律师服务网络。

五、推动区域律师服务业融合发展

在有条件、律师服务基础较好的地区，进一步推动区域律师服务业融合发展。特别是在粤港澳大湾区内，城市间现有律师服务合作的基础上，进一步放宽港澳律师在广州市、深圳市、珠海市等内地城市的执业范围，逐步扩大粤港澳联营所的执业范围和空间范围，吸引更多的港澳律师在内地执业。

第二节　广州市律师服务业空间布局优化的思考

一、推动广州市律师服务多中心集聚发展

1. 推动珠江新城区域性中央法务区建设

依托珠江新城 CBD 高端商务服务业高度集聚的优势，以高端和非诉法律为主要发展方向，打造成粤港澳大湾区法律服务品牌集聚区，走专业化、规模化、品牌化的发展方向，建设高质量的珠江新城高端商务法律服务集聚区。

2. 加强白云区“广州法律服务集聚区”建设

围绕广州律师大厦和广州市中级人民法院，在现有建成区的基础上，进一步扩容提质，打造规模化的法律服务产业平台，建设广州市法律服务集聚区。以传统和诉讼法律服务为主要发展方向，提供多元化、大众化、现代化的法律服务，打造成粤港澳大湾区多元化法律服务标杆区。

3. 打造南沙涉外法律服务和国际仲裁集聚区

依托南沙自贸区，以国际和涉外法律服务为主要发展方向，通过吸引涉外高端法律服务机构入驻，融合诉讼、仲裁、公证、司法鉴定等高端法律服务资源，建设南沙“粤港澳大湾区暨‘一带一路’法律服务集聚区”。持续深化粤港澳合作，加强与港澳规则衔接和国际接轨，打造一站式涉外法律服务平台，建设粤港澳法律服务业创新高地。

二、加强城市外围各区律师服务业布局

以服务实体经济和民生为目标，加强黄埔区、白云区、番禺区、南沙区、花都区、增城区和从化区等外围各区律师服务业的发展，特别是先进制造业和高端服务业较为集中的黄埔区、白云区、番禺区和花都区，以及发展速度较快的南沙区等，鼓励和引导律师事务所，特别是鼓励提供高端非诉讼法律服务的律师事务所来此发展。外围各区除区级行政中心所在地外，以重要的镇、街为核心节点，打造小范围的律师服务集聚地，通过专业的法律服务来服务经济发展的同时，也利用这一优势吸引更多企业的进驻。

三、鼓励外围各区加大对律所和律师人才的吸引力度

律师服务的本地性特征决定了根植地方是大多数律师事务所发展战略

的重要选择，这在前文分析中已得到印证。因此，改变广州市当前律师服务业高度集中于中心各区现状的一个可行办法，就是引导和鼓励有实力的本地律师事务所在外围各区设立更多的分所；鼓励外围各区通过税收补贴和奖励等方式，吸引广州市本地律师事务所到外围各地开设分所。同时，争取将高端律师人才纳入高层次人才范畴，在住房、子女入学、购车等方面为其提供优惠和保障，以吸引更多律师人才来此执业。

第三节 广州市律师服务业进一步优化提升的对策建议

为促进广州市律师服务业进一步发展，培育律师服务市场健康、快速发展，必须做好“内外兼顾”，对内提高广州市律师服务主体的服务水平，为律师服务消费提供强有力的支撑；对外积极开展合作，适应新形势、新变化，扩大律师服务的广度和深度，提高广州市律师服务消费市场份额。

一、加快“走出去”步伐，主动开拓外部市场

1. 主动对接“一带一路”市场，加强律师服务输出

“一带一路”倡议框架下合作项目众多，涉及面广，由于不同国家和地区的法治水平、法律体系有所不同，强大的律师服务成为“一带一路”倡议的重要保障。随着“一带一路”合作机制越发成熟，以及中国企业在参与海外项目中不断积累经验，未来中国法律和中国商事仲裁模式在“一带一路”相关国家贸易和投资纠纷解决中将发挥更重要的作用。广州市作为“一带一路”重要枢纽城市和门户城市，应当紧紧抓住“一带一

路”倡议的重大机遇，积极参与政策制定、规划设计和适用国际规则，发挥政策法律咨询和参谋作用；积极参与区域经贸规则谈判、多双边投资协定谈判，为各类市场主体参与“一带一路”建设争取更加开放透明的国际经贸环境。

支持律师事务所“一带一路”专业法律服务发展。支持广州市律师事务所成立“一带一路”法律服务部门，或与“一带一路”沿线国家律师事务所设立联营所等方式，重点针对企业和自然人在外投资、融资、贸易、知识产权、项目合作、人员交流、管理风险、化解纠纷、解决争议等方面提供法律服务，为企业和自然人走出去参与“一带一路”建设提供全流程的法律服务，扩大律师服务消费市场，提升律师服务的影响力。

积极服务政府涉外项目。加大开发涉外法律服务产品力度，为政府采购项目提供优质的法律服务供给，促成在国际贸易、建设工程、外包服务、国有大型企业境外投融资等项目中发挥法律服务机构的作用，降低涉外项目法律风险，提升涉外法治保障，实现防范境外国有资产流失与促进境外国有资产拓展双赢局面。在政府制定有关政策措施的过程中积极参与研究论证、提供法律建议、防范法律风险，帮助政府提高决策水平；在落实政策过程中熟悉吃透政策，为促进各国政府间的宏观政策沟通交流出谋划策，提供有针对性、符合实际的专业意见，推进沿线各国经济发展战略充分交流对接，扩大律师服务输出。推动国有企业外聘法律服务人员名录（库）中有一定数量的广州市本土律师，推动国有企业在重大涉外经贸活动中聘请广州市律师。

加强“一带一路”律师服务平台建设。打造“一带一路”国际法律服务高端平台。积极参与“一带一路”律师联盟（BRILA）建设工作，发挥“一带一路”律师联盟广州中心平台作用，举办一系列国际法律服务交流推广活动。建设“一带一路”国际法律服务多功能展示平台；搭建律师联盟广州中心多语种网站；推动“世界律师大会”“海上丝绸之路法律服务论坛”等国际性论坛常设广州市，以此提升广州市律师行业的国际地位和影响力。

推动“一带一路”律师联盟广州中心建设。加快推进联盟广州中心运作，充分利用广州市与“海上丝绸之路”共建国家和地区的密切经贸联系，积极发展联盟会员，建立常态化沟通协调机制；加强对各国各地区法律研究，建立域外法查明知识数据库，为“一带一路”建设各方参与主体及其国际经济交往活动提供法律服务支持，推动“一带一路”区域经贸规则不断完善；发挥优质法律服务资源的协同效应，进一步推动涉外法律服务发展，将广州市建设成为国际商事法律服务高地。

2. 提升律师服务区域辐射力

高度聚焦粤港澳大湾区法律共同体的融合与协作，着力推动广州市地区律师服务消费升级，更好地适应产业经济新旧动能转换升级和构筑共建、共治、共享的社会治理格局新趋势。在知识产权、金融证券、信息技术、涉外投资、海事海商、反垄断等各个法律专业领域有效服务粤港澳大湾区建设，凝聚和引领律师服务专业力量。积极推进粤港澳律师事务所合伙联营试点和港澳律师事务所驻粤代表机构的发展，推动粤港澳律师服务合作开放政策在广州市先行先试。同时，依托粤港澳大湾区产业向粤东西北地区梯度转移契机，加快律师服务的输出，扩大消费市场，支撑产业转移输出质量。

建立区域律师业务协作新机制。在 CEPA 框架下，建立区际律师事务所平行合作机制，加强广州市与港澳律师行业协会互联互通，推动跨法域基本法律知识的学习与培训，通过构建联盟、设立分所等多种方式切实推进三地律师合作与交流。推动建立律师参与三地律师协会组织的学习培训成果互认机制，相互为各地律师提供培训交流的参与机会和执业便利。加强粤港澳联营律师事务所建设，推动放宽联营所市场服务业务范围，提升联营事务所市场占有率和发展活力。

支持港澳律师大湾区内地9市执业试点工作。配合落实《香港法律执业者和澳门执业律师在粤港澳大湾区内地九市取得内地执业资质和从事律师职业试点办法》，出台有关支持措施，积极引进获得大湾区内地9市执业资格的港澳律师到广州市执业并提供保障，促进大湾区三地律师融合发展，推动大湾区法治建设。

3. 加强律师服务对外联系

鼓励律师事务所“走出去”。通过采取牵线搭桥、重点推介等措施，为律师事务所在境外设立分支机构创造条件。充分运用、依托企业建设运营的境外产业园区、海外商会、海外投资项目等平台，鼓励律师事务所和律师主动对接“走出去”企业，促进需求对接，实现法律服务“走出去”，为企业保驾护航。

加强涉外法律业务交流。加强与港澳及外国律师事务所建立合作关系，鼓励广州市律师积极参与“一带一路”律师联盟（BRILA）、国际律师协会（IBA）、国际律师联盟（UIA）、环太平洋律师协会（IPBA）等国际律师组织的活动，并在其中发挥重要作用。

创新境外优质律师服务资源利用机制。稳步推进涉外法律服务业开放，推动广州律师协会与国（境）外律师协会、国际律师组织间的交流合作，特别是开展与“一带一路”沿线国家法律服务领域的互惠开放。支持并规范广州市律师事务所与境外律师事务所以业务联盟等方式开展业务合作，探索开展广州市律师事务所聘请外籍律师担任法律顾问工作。

积极寻求跨区域合作机会。广州市律师事务所应当加强与北京市、上海市、深圳市、杭州市等一线城市（地区）的律师事务所合作，争取不仅能够在业务上有合作，同时可以共同开设分支机构，将业务下沉到国内三、四线城市，提升市场份额。努力搭建一线城市律师合作平台，推动在广州市成立涉外律师服务研究中心，吸纳国内一线城市的律师参加，共同参与律师服务对外输出课题研究，共同推动律师服务品牌化、专业化和国际化发展，提升国际竞争力，共同开拓国际律师服务市场。

二、提升广州市律师服务品牌影响力实力

1. 提升律师事务所规模化和专业化水平

鼓励律师事务所规模化发展，支持律师事务所通过合并、重组等多种途径形成规模和人才优势。鼓励具备条件的律师事务所改制为特殊普通合伙律师事务所，探索建立其他专业人士担任律师事务所合伙人的制度，打造多家百人，特别是200人以上的规模大所。

2. 提升律师事务所品牌价值与影响力

关注新业务发展方向。重视数字经济、人工智能等新技术对律师行业发展的影响，及时了解法律服务市场变化趋势和行业发展动态。深入研究新兴领域法律业务，加强对行业新兴业务领域发展的指导。

提升律师事务所品牌化水平。围绕现代金融、数字经济、网络游戏与直播、电子商务、涉外法律、政府法律、医药医事、城市更新、家族财富管理与传承、公司法律、知识产权、破产清算等领域和国际商贸商事仲裁服务等特色法律服务领域，重点打造一批具有全国领先水平的律师服务品牌，培育一批专业领先的品牌律师事务所，提升法律服务市场影响力和竞争力。鼓励律师事务所和律师参与境内外知名法律评级机构的评级评优，促进行业品牌化发展。

提升律师事务所管理水平。注重律师事务所管理能力提升，定期举办律师事务所负责人、管理合伙人高级研修班，举办“广州市律师事务所主任‘走出去’”交流活动，学习境内外律师事务所先进管理经验。总结和推广境外律师事务所或境内在国际化方面领先律师事务所的管理经验。加强律师事务所规范化建设。形成具有广州市特色的律师事务所规范化管理标准，逐步实现“广州市规范管理律师事务所”全覆盖，重点引导、推

动中小所（个人所）实施规范化管理。

引导中小型律师事务所精品化发展。针对中小型律师事务所发展问题，定期举办中小型律师事务所发展论坛。建立中小型律师事务所发展咨询平台，成立中小型律师事务所管理导师团，引导中小型律师事务所根据市场需求进行专业化定位和分工，提升中小型律师事务所发展能力。

3. 推动广州市律师服务消费市场发展

加强与政府合作，拓展政府法定业务供给。围绕推进法治国家、法治政府、法治社会建设三位一体的要求，加快建立政府法定业务供给制度，推动法律服务制度化供给，充分发挥律师和律师事务所在法治国家、法治政府、法治社会建设中的作用。政府应支持进一步扩大村居法律服务、法律援助服务、IPO 法律服务、破产管理人服务、刑事辩护全覆盖等法定服务业务的供给范围，积极推动最高检察院咨询顾问、政府信访、房地产交易、婚姻见证人等法定业务，加快形成市场化为主，法定业务为辅的供给方式。

搭建律—企服务平台，做好企业服务市场。深入做好“法企对接”，在企业建立律师服务中心或律师服务工作站，“依法办理企业经营管理业务转型升级、投资融资等方面的法律事务，维护企业合法权益，促进企业发展”。加强 IAB、NEM 等新兴产业相关企业的律师服务，对新兴产业的重大科技成果转化、重大项目实施和新产品开发等提供律师服务。进一步深化与传统产业相关的企业律师服务，加强与促进企业转型升级的其他服务门类的衔接，提升服务效能，促进传统产业转型升级，发展壮大。进一步开拓生产性服务企业的律师服务，促进产品开发和服务创新。加强对企业转型升级中的新型法律事务、疑难复杂法律事务的研究，针对重点企业、创新企业定制服务项目，提供特色服务，切实提高企业律师服务的综合效能。

构建律—园服务伙伴关系，深化园区服务。加强与广州市各级经济开发区、产业园等挂钩对接，根据园区规划和需求，围绕产业发展目标，认真开展园区建设所涉及的各类专项法律评估和综合性法律论证，有针对性地制定律师服务方案，确定律师服务重点方向，创新服务产品，为园区建设、招商选资、企业入驻、项目运营、功能实现等提供全程律师服务，从源头上规避园区建设投资的法律风险，增强园区对律师服务消费的需求。与园区合作建立法律服务中心，针对园区企业，帮助其解决日常运营中遇到的法律问题。

强化与商（协）会对接，扩大服务覆盖面。以行业协会、商会为平台，辐射会员企业单位，着力提升商（协）会法律顾问覆盖率。广州市律师协会和法律服务机构与各类商会包括行业商会、异地商会、综合商会等对接，搭建与商会所属企业沟通、联系、服务的纽带和桥梁，实现对商会和企业法律服务的无缝对接。组织律师开展法律体检和专题讲座，帮助商（协）会完善治理结构，防范商协会会员单位经营风险。改进企业法律顾问工作模式，提升服务质量和工作实效。

推动律师服务产业融合，促进律师服务高端化发展。深入推进律师服务产业与相关产业如建筑、房地产、金融等产业融合发展，借力发展律师服务产业，使之成为服务经济中新的增长点。产业融合是一种产业创新，能够给产业发展带来新的动力，成为提升产业实力的重要因素，通过产业融合强化律师服务向相关产业的延伸、渗透，将律师服务嵌入相关产业规划、决策、经营、发展等高端价值链环节，这就为律师服务产业扩展服务范围、扩张产业边界、扩大发展规模、提升业态水平提供了载体和平台，推动律师服务资源在更大范围内合理配置，进而促进律师服务产业向高端化快速发展。

提升律师服务产业规模，满足外部市场消费需求。实行改善律师服务产业环境的政策，可以为发展广州市律师服务业创造良好的外部环境。但外部环境必须同内部条件相结合起来，通过内部条件才能产生作用。这个内部条件就是行业自身产业能力的增强。一是要推动律师服务机构规模化经营。广州市是产业核心城市和我国重要交通枢纽城市，对律师事务所、基层律师服务所和社会法律咨询机构等完全市场化的服务主体，通过市场化的手段推动服务机构合并、重组，提高产业集中度，增强竞争力。对公证处和企事业单位的法务部、法律顾问室等准市场化的服务主体，通过协会、联合会等形式，加强与其沟通协调，推动其整体协作，形成一体化的竞争合力。二是要实施提升人才层次的发展战略。以专业化为导向，着眼高端业务领域，加强对律师服务人员的国际贸易、国际投资、反倾销反补贴反垄断、知识产权、金融证券、企业治理、互联网创新等高端现代法律业务知识的教育和培训，着力培养一批具有国际眼光、精通涉外法律业务的高素质律师人才。

4. 提升广州市律师的国际化服务水平

加强涉外律师人才培养和储备。推进广东涉外律师学院建设，建立协同联动机制，打造成为立足广州市、辐射大湾区、影响全国的涉外法治人才培养高地。完善与境内外高等院校和知名培训机构合作机制，加大涉外法律人才培养力度。选派涉外律师赴海外知名高等院校、培训机构，以及律师事务所开展涉外法律培训与实习。建立并更新广州市涉外律师人才库、港澳专家律师库和境外专家律师库，加强对现有涉外法律人才资源的整合。在涉外案件或项目中推荐更多的涉外律师人才参与有关案件或项目的工作，在实践中锻炼能力积累经验。积极开展律师事务所聘请外籍律师担任法律顾问试点工作。

加强广州市国际商贸法律服务中心建设。加强中心品牌形象建设，丰富中心与政府部门、外国商会，以及相关行业协会间的交流协作活动，强化中心在涉外法律业务承接和分配、涉外法律专业培训等方面的平台功能，提升广州市律师的涉外综合法律服务水平。

加强广州市国际商贸商事调解中心建设。开展商事调解培训，培养高素质的调解员队伍；整合律师和社会其他专业人士积极开展商事调解工作，打造多元化争议解决平台；推动中心与广州市各级法院诉调对接，推进调解协议司法确认工作；加强与港澳和境外商事调解机构的合作与交流，逐步实现调解员互认，探索联合调解机制，积极参与打造国际争议解决之都。

5. 强化广州市律师服务业发展的人才保障

加强律师行业领军人才队伍建设。开展“广州专业大律师”评选活动，推动大律师评选机制规范化和常态化。打造律师行业人才“领航工程”，进一步加强律师领军人才，尤其青年律师领军人才的选拔和培养，发挥行业标杆作用，提升律师的社会知名度和影响力。

提升广州市律师行业业务培训品牌。充分发挥广州市律师学院平台作用，丰富律师行业业务培训项目，推出一系列紧扣新兴法律服务领域和服务广州城市发展的特色法律培训课程，同时，打造市律师协会“律兴大讲堂”培训品牌，充分利用新媒体，实现律师培训课程线上直播率达80%以上，培养一批优秀的广州市金牌法律讲师。

健全实习培训机制，丰富培训内容。重视实习人员入职培训，制定符合本市律师发展实际的培训考核大纲和课程内容，优化培训师资队伍，大幅提高培训质量；推动建立法律职业共同体同堂培训、实习期互认制度；鼓励实习人员到基层锻炼，完善实习人员培训评价体系和面试考核制度，利用信息技术手段不断提升申请律师执业人员的培训效率。

加大人才引进政策的落实。充分利用广州市人才引进政策，促成律师人才引进和发展纳入全市人才战略范围，大力吸引境内外优秀法律人才。定期举办“法律人才招聘会”，为律师事务所和法律人才提供双向选择信息交流平台。充分利用市律师协会网站、律兴APP等平台，打造网上人才市场，积极吸纳境内外高层次法律人才来广州市执业。

创新公职律师、公司律师发展机制。建立完善社会律师、公司律师、公职律师，以及公司法务人员的定期交流机制，进一步壮大公司律师、公职律师队伍，定期举办“律师发展论坛”。推动党政机关普遍开展公职律师工作，推动国有企业全面开展公司律师工作、民营企业开展公司律师试点工作。

加强律师人才梯队建设。以优化律师队伍年龄结构和业务水平为核心，形成合理的律师人才梯队。加大对青年律师队伍培养力度，打造“青年律师大讲堂”“青年律师说”品牌，着力提升青年律师执业技能和综合素养。搭建青年律师业务交流平台，推送优秀青年律师参加粤港澳大湾区青年发展法律论坛、两岸三地青年律师论坛①，促进青年律师发展。

三、加强律师服务平台建设

1. 举办大型律师服务交流会议

扩大中国广州市法律服务交易会国际影响力。创新广州市法律服务交易会（以下简称“法交会”）形式，引入线上会展，拓宽参与范围，扩大覆盖面和影响力。利用广交会的影响力，争取把“法交会”纳入广交会体系，将“法交会”打造成国际性的法律服务交易平台。

举办法治化营商环境论坛。加强与广州市优化营商环境法治联合体的协同联动，定期举办法治化营商环境论坛，宣传推介广州市在优化营商环境各指标领域的具有全国标杆性的实践经验和成果，研究解决进一步优化营商环境重点难点工作，推动广州市对标对表世界银行营商环境评价体系，树立全球营商环境新标杆。

① 广州市律师协会．聚焦上市实务　共谋合作发展——广州律协青工委应邀赴港参加“两岸三地青年律师论坛”［N/OL］（2011－12－31）［2020－12－20］. http：//www. gzlauyer. org/info/d324375cdc14400097a9bfb95794994b.（按照现行的出版要求，“两岸三地”应改为“港澳台与内地/祖国大陆”。文中为原文引用，故不做修改。）

举办各类专业性全国论坛，发挥广州市在海事海商、知识产权、城市更新、电子竞技与网络游戏等法律服务领域的优势，举办或协办“广州海法论坛”“知识产权论坛”“城市更新与发展论坛”“电子竞技与网络游戏产业发展论坛”等多个全国性乃至全球性的专业性论坛。在此基础上，争取拓展更多专业领域的全国性论坛落户广州市。

举办全国律师行业信息化发展论坛。搭建集律师行业信息化成果展示、经验交流、资源共享的合作平台，总结、宣传和推广律师行业信息化建设成果，推动云计算、物联网、人工智能、区块链等新技术在律师行业的广泛应用，促进律师行业信息化、智慧化、现代化发展。

举办各类全国性的行业发展论坛。发挥广州市律师行业服务管理的经验优势，争取举办或者协办“中国律师论坛”“律师协会（全国）监事会论坛”“中国律师教育论坛”等全国性律师行业合作交流高端论坛，强化示范引领作用，提升品牌效应。

2. 加强律师服务平台建设

发挥平台作用促进国际交流。发挥“一带一路”律师联盟广州市的中心平台作用，主动举办国际法律服务论坛交流推广活动，扩大联盟影响力，打造法律服务业高端国际交流合作平台。加强广州市国际商贸法律服务中心国际法律服务的宣传窗口和业务对接平台的打造，以及广州市国际商贸商事调解中心国际商事纠纷“一站式”解决平台的打造。

四、加强律师服务业信息化建设

1. 夯实信息化建设基础

优化信息化架构。加强律师服务业管理信息化建设的横向一体化和外部联系垂直一体化，形成行业信息化立体架构，并构建具有前瞻性和满足移动互联、云计算和大数据应用环境下的系统架构技术标准，为系统开发、集成和整合提供技术标准支撑，确保行业应用系统自身的可扩展性，以及不同信息系统之间的兼容性和连通性。

开展数据治理。构建律师服务行业信息资源分级分类、电子化记录和管理的数据标准，以及行业应用系统之间的数据交换标准，形成层次分明、构成合理的数据标准规范体系，在保障数据安全的基础上，建立行业数据中心。

2. 打造行业管理服务智能平台

提升律师协会内部管理信息化水平。加强律师协会信息化建设的资金投入，落实信息化建设资金保障制度，保障平台的后续维护和运行。设专人整体统筹协调协会内部各部门各工作委员会和专业委员会的调研沟通工作，有效配合信息化建设工作的开展。协调相关政府部门资源，使相关板块功能设定成行。

提升律师服务信息化水平。加强律协网站、律兴 APP 及律协微信公众号建设，提升会员服务的覆盖面和精细化程度。加强微信公众号与协会网站的关联，实现两个宣传平台同步更新。面向会员律师免费提供课件网络培训，充分利用已整合、升级的信息化平台推进网络培训课程线上运行。

3. 增强行业数据应用能力

完善行业基础数据库。构建和完善行业知识库基础平台，提升律师资料查阅的信息化水平。深度开发运用律师服务业大数据分析平台，建立多层次的法律案卷库，提高法律事件的处理效率。推动案卷的电子化、网络化，便利律师的阅卷工作。

建立行业诚信服务体系。基于行业数据标准，以云服务模式采集、存储包括会员基本情况、执业情况、业务报告等相关信息，向公众提供会计师事务所诚信、业务报告防伪识别等信息服务，探索业务报告客户评价反馈机制，提升行业公信力。

4. 提升律师服务信息化水平

加强律师与社会链接，提升律师服务信息化水平。把律师事务所信息化建设纳入年度考核、评选评优的重要指标。推进新设律师事务所和中小律师事务所信息化建设，指导新设律师事务所开展信息化建设。利用新媒体平台进行业务推广和宣传，通过开设“云课堂”“云论坛”“直播间”等方式提供在线法律服务，在提升律师服务方式和手段多样性的同时，为律师带来更多的业务。

5. 提升律师事务所信息化水平

建设智能法律服务云平台。基于数据交换标准，实现与行业管理信息系统衔接。融合信息技术创新成果，提升法律服务平台提取数据的能力，解决与客户信息系统之间的数据接口瓶颈。

建设律师事务所智能内部管理信息系统。以“网络应用、协同应用、智能应用”为核心，整合现有内部管理信息系统，建设总分所和部门机构的集中管理平台，实现远程办公、移动办公和即时办公，并基于数据交换标准实现与律师协会协同办公系统衔接；建立知识共享库，实现决策支持，提升律师事务所内部治理能力。

五、优化律师服务业发展环境

1. 做好律师服务业发展顶层设计

做好广州市律师服务业发展规划。高起点、高标准、高质量制定广州市法律服务业发展规划，将其纳入全市现代服务业总体发展规划中，以及纳入城市国际竞争力的软环境之列，并作为服务业新的经济增长点进行重点培育。按照市场规律，通过政策引导，积极培育市场主体，稳步扩大现代法律服务规模，完善组织形式，推动业务转型和升级，促进专业化分工，扶持、培育一批能够参与国内国际竞争的法律服务机构；一批适应社会分工、具有专业特色的法律服务机构；一批立足基层社区、服务普通百姓的法律服务机构，形成比例基本合理、专业门类齐全、能够满足社会各种层次法律服务需求的市场格局。

推动律师税收和收费标准改革。推动政府加快更新《广东省物价局、司法厅律师服务收费管理实施办法》，并根据《广东省物价局、司法厅律师服务收费管理实施办法》，支持广州市律师协会进一步出台《广州市律师收费指导意见》，规范律师服务市场收费标准，推动广州市律师收费向更加市场化发展，切实提高律师待遇，吸引高端化、专业化法律人才进入，满足群众多样性的业务服务需求。根据广州市经济社会发展情况，结合律师行业发展特点，出台适应广州市律师行业发展的收费政策和税收措施。

2. 加强律师行业规范

加强律师规范执业教育。坚持执业纪律教育与惩戒相结合，重视和加强对律师的职业道德和执业纪律教育培训工作，在源头上减少违规违纪行为。打造广州市律师行业“律政清风”纪律教育品牌，创新律师职业道德和执业纪律教育培训模式，推进线上线下培训相结合、培训和考试相结合，实现律师规范执业培训全覆盖。

建立科学的执业监督模式。坚持行业自律与行政管理相结合、纪律处分与党纪处分相结合、纪律工作与规范律师事务所建设相结合。规范律师代理合同表现形式，不断健全对委托人进行权利告知、风险提示制度，着力规范律师代理行为。创新主动调查工作模式，建立律师事务所定期检查或专项走访机制，及时发现和解决问题。促进律师依法诚信、勤勉尽责执业。

完善纪律惩戒长效机制。加强广州市律师协会投诉受理查处中心建设，完善投诉中心工作规则，细化会员违规惩戒规则，规范惩戒工作流程，对执业违规行为及时给予行业处分或行业处理。对多次执业违规会员，进一步采取继续教育或限期整改等措施，提高执业违规成本，保证纪律惩戒工作规范有序进行。完善律师和律师事务所诚信执业的评价、监督及失信惩戒和披露机制。

3. 提升律师执业便利度

优化律师执业环境。持续完善律师会见、阅卷、调取证据和听取意见等权利保障机制，探索建立远程视频会见中心。完善律师调查令制度，扩大调查令适用范围，充分发挥调查令的优势和功能。推动在广州市实现人口信息查询、不动产及动产信息查询、企业登记信息查询等途径，为律师执业提供查询便利。

推动法律职业共同体建设。加强广州市律师协会与法官协会、检察学会和警察协会间的交流和合作。开展公诉人与律师之间的控辩比赛活动；落实法律执业人员统一职前培训制度和在职法官、检察官、警官、律师同堂培训制度；健全从符合条件的律师中招录立法工作者、法官、检察官、行政复议人员制度；推动健全职业共同体律师工作联席会议制度。

完善律师执业权利救济机制。加强维护律师执业权力中心建设，建立维权中心外聘顾问制度。出台律师执业权利保障措施。进一步规范个案维权流程，建立维权事件信息通报制度，通过个案维权推动制度完善，实现律师维权的常态化和规范化。

4. 提升律师执业幸福感

构建广州市律师文化体系。坚持把文化建设作为行业持久发展的重要抓手，提炼广州市律师文化内涵。多渠道、多方式塑造广州市律师形象；打造广州市律师品牌，建设全国一流的行业多媒体展示厅。持续强化“广州律师文化节”品牌效应，加强广州市律师艺术团、辩论团和运动队建设，建立广州市律师协会与律师事务所的联动机制，创新开展各项文体活动，提高广大从业人员的向心力和凝聚力，增强对律师行业的认同感和荣誉感。

参考文献

[1] 陈娟. 论我国法律服务市场主体 [J]. 商, 2012 (17): 151.

[2] 迟日大. 充分发挥律师在推进全面依法治国中的职能作用 [J]. 中国司法, 2021 (4): 18-21.

[3] 邓连引. 律师在全面推进依法治国战略中的定位与作用 [J]. 黑龙江省政法管理干部学院学报, 2016 (1): 122-124.

[4] 邓路遥. 泛珠三角区域法律服务协作问题探究 [J]. 广西社会科学, 2009 (12): 56-60.

[5] 邓伟平, 郭世恩. 粤港澳大湾区法律合作研究 [J]. 法治论坛, 2020 (4).

[6] 范忠信. 自然人文地理与中华法律传统之特征 [J]. 现代法学, 2003 (3): 40-47.

[7] 方卫华. 硅谷高科技产业发展中的法律中介服务 [J]. 中国科技论坛, 2004 (4): 78-82.

[8] 高志宏. 现代企业全面法律风险管理研究 [J]. 中国管理信息化, 2012, 15 (4): 69-72.

[9] 龚楚. 中国律师事务所跨国商业存在研究 [M]. 北京: 法律出版社, 2015.

[10] 关于国际律师协会就法律服务市场分类提案的分析意见 [A]// 中华全国律师协会 WTO 专门委员会. 中华全国律师协会 WTO 专门委员会 2004 年年会会议手册. 中华全国律师协会 WTO 专门委员会: 中华全国律

师协会，2004：168－173.

［11］国务院．司法部关于深化律师工作改革的方案［J］．律师世界，1994（3）：2－5.

［12］何啸风，冯青海．法律服务出海以保障企业参与“一带一路”建设的对策建议［J］．江苏商论，2020（4）：39－42.

［13］洪建政．中国律师“走出去”的现状与展望［J］．法制与社会，2017（10）：125－127.

［14］侯猛．中国律师分布不均衡的表现与影响——从北京刑事辩护市场切入［J］．法学，2018（3）：113－123.

［15］胡雯．中介组织在创新系统中的作用层次与功能演进：研究综述与展望［J］．科学学与科学技术管理，2020，41（11）：16－30.

［16］剑平．依法有序适度促进法律服务业对外开——访司法部律师公证工作指导司司长杜春［J］．中国律师，2011（10）：9－11.

［17］江苏省司法行政系统理论研究课题组．加快发展现代法律服务业的思路和途径初探［J］．中国司法，2012（7）：48－55.

［18］蒋磊．粤港澳大湾区法律服务行业现状和发展初探［J］．广东开放大学学报，2020，29（3）：27－34.

［19］蒋琪．浅论大型律师事务所业务拓展战略［A］//中华全国律师协会．第四届中国律师论坛百篇优秀论文集．中华全国律师协会：中华全国律师协会，2004：149－155.

［20］李本森．国际法律服务自由化与我国法律服务业的对外开放［J］．中国司法，2005（6）：40－42.

［21］李本森．经济全球化背景下的法律服务自由化［J］．法学，2004（1）：104－111.

［22］李德光，王梓安．地理环境对法律的影响［J］．贵州法学，2014（10）：44－47.

［23］李华鹏．司法部国家税务总局组成联合调研组赴江苏调研律师行业税收政策［J］．中国律师，2016（10）：8.

［24］李江．中国律师业与依法治国［J］．理论与改革，1997（9）：48.

［25］刘红艳，崔耕．中国企业如何从“引进来”到“走出去”——企业内向国际化模式对外向国际化绩效的影响［J］．财贸经济，2013（4）：89－97.

［26］刘思达，梁丽丽，麦宜生．中国律师的跨地域流动［J］．法律和社会科学，2014（1）：26－57.

［27］刘思达．中国涉外法律服务市场的全球化［J］．交大法学，2011，2（1）：145－172.

［28］卢旭岩．律师参与地方立法的实践性意义［J］．吉林人大，2021（2）：45－46.

［29］吕红兵．取人之长补己之短——加快上海法律服务业发展的建议［J］．中国律师，2010（2）：78－79.

［30］栾淼淼，陈历杰．律师行业税改对律师行业的影响分析［J］．中国司法，2014（2）：53－59.

［31］马宁．入世对中国律师业影响及应对措施［J］．河南司法警官职业学院学报，2004（1）：67－69.

［32］茅彭年，李必达．中国律师制度研究［M］．北京：法律出版社，1992.

［33］孟梦．中国企业“走出去”进行海外并购业务的法律思考［J］．投资与合作，2013（6）：159.

［34］孟德斯鸠．论法的精神［M］．张雁深，译．北京：商务印书馆，2020.

［35］潘明星，刘洋，刘磊．我国律师业产业化税收与分配政策研究

[A]//山东省法学会、山东省律师协会．中国律师产业化发展理论研讨会论文集．山东省法学会、山东省律师协会：山东省法学会，2002：192－203.

[36] 彭东昱．中国律师制度：一路探索一路前行 [J]．中国人大，2007 (22)：27－28.

[37] 邱旭瑜．关于不同区域律师发展的特点与策略 [J]．中国律师，2009，9 (7)：81－85.

[38] 冉井富．律师地区分布的非均衡性——一个描述和解释 [J]．法哲学与法社会学论丛，2007，11 (1)：1－32.

[39] 冉立文．经济发展水平与律师产业绩效的研究分析 [J]．生产力研究，2007 (15)：100－102.

[40] 山东省法学会课题组．中国律师业产业化发展理论研究 [J]．政法论丛，2004 (2)：10－15.

[41] 谭俊．法学研究的空间转向 [J]．法制与社会发展，2017，23 (2)：74－86.

[42] 王隽，王大维．共存共赢共同发展——正确处理律师事务所总所和分所的关系 [J]．中国律师，2008 (7)：60－62.

[43] 王荣成，丁四保．关于我国区域经济地理学和区域经济学融合发展的思考 [J]．人文地理，2005 (6)：23－28.

[44] 王曦．论公益律师的崛起 [J]．法治研究，2007 (11)：50－56.

[45] 翁媛媛，高汝熹，车春鹂．当前形势下上海转变经济发展方式的几点思考 [J]．科学发展，2009 (10)：96－103.

[46] 项志祥．“一带一路”建设的法律风险及其对策 [J]．中阿科技论坛 (中英阿文)，2019 (2)：1－4.

[47] 熊秋红．新中国律师制度的发展历程及展望 [J]．中国法学，

1999 (5): 14 - 22.

[48] 徐卉. 重新认识法律职业: 律师与社会公益 [J]. 中国司法, 2008 (3): 43 - 46.

[49] 徐自立. 合伙制律师事务所公司化运作研究 [J]. 法制与经济 (上半月), 2015 (2): 95 - 98.

[50] 杨智勇. 全方位法律服务: 律师非诉讼事务的新崛起 [J]. 律师世界, 1995 (1): 4 - 7.

[51] 余澳. 经济增长、制度变迁与中国律师事务所发展演变研究 [J]. 经济体制改革, 2016 (5): 195 - 200.

[52] 喻中. 法的地方性与地方性的法——关于法律地理学的一个导论 [J]. 云南大学学报 (社会科学版), 2019, 18 (1): 116 - 125.

[53] 喻中. 法律与空间 [J]. 山东警察学院学报, 2009, 21 (3): 28 - 34.

[54] 袁达松, 刘华春, 张志国. "一带一路" 中的中国律师业发展战略研究 [J]. 中国司法, 2017 (1): 38 - 45.

[55] 岳鸿. 论有限责任合伙律师事务所 [C]//中华全国律师协会第四届中国律师论坛百篇优秀论文集. 北京: 政法大学出版社, 2004: 156 - 163.

[56] 张倩. 运用法治力量改善营商环境 [J]. 法制博览, 2017 (36): 92 - 93.

[57] 张淑钿. 粤港澳大湾区法律事务合作中的澳门贡献及未来发展 [J]. 港澳研究, 2020 (3): 21 - 32.

[58] 张文显, 卢学英. 法律职业共同体引论 [J]. 法制与社会发展, 2002 (6): 13 - 23.

[59] 张希梅. 法治城市建设的着力点——提升市民法律素质 [J]. 法制与社会, 2015 (19): 163 - 165.

[60] 赵俊林．信息技术发展对我国律师业的影响及对策探析 [J]．中国司法，2003 (5)：36.

[61] 中国人大网．中华人民共和国律师法 [EB/OL]．[2021 - 04 - 18]．http：//www. npc. gov. cn/wxzl/gongbao/2013 - 02/25/content_1790832. htm.

[62] 中华全国律师协会．中国律师业务 [M]．北京：法律出版社，2014.

[63] 朱秋．入世对我国律师业结构调整的要求及对策 [J]．行政与法（吉林省行政学院学报），2004 (4)：67 - 68.

[64] 朱垭梁．法律地理学：渊源、现状与展望 [J]．学术论坛，2017，40 (2)：100 - 107.

[65] 邹小华，薛德升．世界城市体系研究的定量化趋势及其方法演化 [J]．人文地理，2017，32 (1)：16 - 22.

[66] ABEL R L. Transnational law practice [J]. Case Western Reserve Law Review，1994，44 (2)：737.

[67] ASCHER B. Business and professional services：competing in a more mobile world [M]//AHARONI Y. Coalitions and Competition：The globalization of Professtional Business Services. London：Routledge，1993：20 - 31.

[68] BAGCHI - SEN S，SEN J. The current state of knowledge in international business in producer services [J]. Environment and Planning A，1997，29 (11)：53 - 74.

[69] BAKER G P，PARKIN R. The changing structure of the legal services industry and the careers of lawyers [J]. North Carolina Law Review，2006，84 (5)：1635.

[70] BEAVERSTOCK J，MUZIO D，TAYLOR P et al. Global Law Firms：Globalization and Organizational Spaces of Cross - Border Legal Work [J]. Northwestern Journal of International Law and Business，2008，28 (3)：

455 -488.

[71] BEAVERSTOCK J V. 'Managing across borders': knowledge management and expatriation in professional service legal firms [J]. Journal of Economic Geography, 2004, 4 (2): 157 -179.

[72] BEAVERSTOCK J V, SMITH R G, TAYLOR P J. Geographies of globalization: United States law firms in world cities [J]. Urban Geography, 2000, 21 (2): 95 -120.

[73] BEAVERSTOCK J V. The long arm of the law: London's law firms in a globalising world economy [J]. Environment and Planning A, 1999, 31 (10): 1857 -1876.

[74] BENNETT L, LAYARD A. Legal Geography: Becoming Spatial Detectives [J]. Geography Compass, 2015, 9 (7): 406 -422.

[75] BLOMLEY N K. Legal interpretation: The geography of law [J]. Tijdschrift voor Economische en Sociale Geografie, 1987, 78 (4): 265 -275.

[76] CAI Y S, YANG S C. State power and unbalanced legal development in China [J]. Journal of Contemporary China, 2005, 14 (42): 117 -134.

[77] CHANG T S, CHUANG C, JAN W. International collaboration of law firms: Modes, motives and advantages [J]. Journal of World Business, 1998, 33 (3): 241 -262.

[78] COFFEY W J. The geographies of producer services [J]. Urban Geography, 2000, 21 (2): 170 -183.

[79] COHEN R B. The new international division of labour, multi-national corporations and urban hierarchy [M]//DEAR M, SCOTT A J. Urbanization and Urban Planning in Capitalist Society. New York: Methuen, 1981: 287 -315.

[80] CULLEN – MANDIKOS B, MACPHERSON A. U. S. foreign direct investment in the London legal market: An empirical analysis [J]. The Professional Geographer, 2002, 4 (54): 491 –499.

[81] DANIELS P W. Service industries in the world economy [M]. London: Blackwell, 1993.

[82] DELANEY D. Legal geography Ⅲ [J]. Progress in Human Geography, 2017, 41 (5): 667 –675.

[83] DERUDDER B, TAYLOR P J, NI P et al. Pathways of change: Shifting connectivities in the world city network, 2000—2008 [J]. Urban Studies, 2010, 47 (9): 1861 –1877.

[84] ECONOMIDES K, BLACKSELL M, WATKINS C. The Spatial Analysis of Legal Systems: Towards a Geography of Law [J]. Journal of Law and Society, 1986, 13 (2): 161 –181.

[85] FAULCONBRIDGE J. London's and New York's advertising and law clusters and their networks of learning: Relational analyses with a politics of scale? [J]. Urban Studies, 2007b, 44 (9): 1635 –1656.

[86] FAULCONBRIDGE J. Organizational professionalism in globalizing law firms [J]. Work, Employment & Society, 2008, 22 (1): 7 –25.

[87] FAULCONBRIDGE J. Reinserting the professional into the study of globalizing professional service firms: The case of law [J]. Global Networks, 2007a, 7 (3): 249 –270.

[88] FAULCONBRIDGE J R, MUZIO D. Transnational corporations shaping institutional change: The case of English law firms in Germany [J]. Journal of Economic Geography, 2015, 15 (6): 1195 –1226.

[89] FAULCONBRIDGE J R. Relational networks of knowledge production in transnational law firms [J]. Geoforum, 2007, 38 (5): 925 –940.

[90] GAROUPA N. Globalization and deregulation of legal services [J]. International Review of Law and Economics, 2014, 38: 77 -86.

[91] HEINZ J P, NELSON R L, LAUMANN E O. The Scale of Justice: Observations on the Transformation of Urban Law Practice [J]. Annual review of sociology, 2001, 27 (1): 337 -362.

[92] HENDERSON W D, ALDERSON A S. The changing economic geography of large U. S. law firms [J]. Journal of Economic Geography, 2016, 16 (6): 1235 -1257.

[93] HODGES S. Law Firms and Legal Marketing in China [J]. Of Coursel, 2007, 26 (7): 9 -13.

[94] HYMER S. The multinational corporation and the law of uneven development [M]//BHAGWATI J. Economics and World Order from the 1970s to the 1990s. New York: Collier - MacMillan, 1972: 113 -140.

[95] LIU S. Globalization as Boundary - Blurring: International and Local Law Firms in China's Corporate Law Market [J]. Law & Society Review, 2008, 42 (4): 771 -804.

[96] LYNCH J, MEYER D R. Dynamics of the US System of Cities, 1950 to 1980 The Impact of the Large Corporate Law Firm [J]. Urban Affairs Review, 1992, 28 (1): 38 -68.

[97] MARTINELLI F. 'Producer services' location and regional development [M]//DANIELS P W, MOULAERT F. The Changing Geography of Advanced Producer Services. London and New York: Routledge, 1991: 70 - 90.

[98] MORGAN G, QUACK S. Institutional legacies and firm dynamics: The growth and internationalization of UK and German law firms [J]. Organization Studies, 2005, 26 (12): 1765 -1785.

[99] ORZECK R, HAE L. Restructuring legal geography [J]. Progress in Human Geography, 2019, 44 (5): 832 –851.

[100] POTTER P B. The Chinese legal system: Continuing commitment to the primacy of state power [J]. The China Quarterly, 1999, 159: 673 –683.

[101] ROBERTS J. The internationalisation of business service firms: A stages approach [J]. Service Industries Journal, 1999, 19 (4): 68 –88.

[102] RONALD J G, ROBERT H M. Review Sharing among the Human Capitalists: An Economic Inquiry into the Corporate Law Firm and How Partners Split Profits [J]. Stanford Law Review, 1985, 37 (2): 313 –392.

[103] SASSEN S. The Global City: New York, London, Tokyo [M]. Princeton: Princeton University Press, 1991.

[104] STRAUSS – KAHN V, VIVES X. Why and where do headquarters move? [J]. Regional Science and Urban Economics, 2009, 39 (2): 168 –186.

[105] TAYLOR P J, CATALANO G, WALKER D R F. Measurement of the world city network [J]. Urban Studies, 2001, 39 (13): 2367 –2376.

[106] TAYLOR P J, DERUDDER B. World City Network: A Global Urban Analysis (the 2nd edition) [M]. (2nd edition). London: Routledge, 2015.

[107] TAYLOR P J. Specification of the world city network [J]. Geographical Analysis, 2001, 33 (2): 181 –194.

[108] VAN CRIEKINGEN M, DECROLY J, LENNERT M et al. Local Geographies of Global Players: International Law Firms in Brussels [J]. Journal of Contemporary European Studies, 2006, 13 (2): 173 –187.

[109] VAN DER WUSTEN H H. Legal capital of the world: Political center-formation in The Hague [J] . Tijdschrift voor economische en sociale

geografie, 2006, 97 (3): 253 –266.

[110] WARF B. Global dimensions of U. S. legal services [J]. The Professional Geographer, 2001, 53 (3): 398 –406.

[111] WARF B, WIJE C. The spatial structure of large US law firms [J]. Growth and Change, 1991, 22 (4): 157 –174.